国 家 文 物 局

主 编

中国

重要考古发现

文物出版社

2020·5

图书在版编目 (CIP) 数据

2019 中国重要考古发现 ／ 国家文物局主编 ． —— 北京：
文物出版社，2020.5

ISBN 978-7-5010-6678-0

Ⅰ．① 2… Ⅱ．①国… Ⅲ．①考古发现－中国－
2019 Ⅳ．① K87

中国版本图书馆 CIP 数据核字 (2020) 第 065078 号

2019 中国重要考古发现

主　　编：国家文物局

责任编辑：吴　然
　　　　　戴　茜
英文翻译：李新伟
书籍设计：特木热
责任印制：梁秋卉

出版发行：文物出版社
社　　址：北京市东直门内北小街 2 号楼
邮　　编：100007
网　　址：http://www.wenwu.com
邮　　箱：web@wenwu.com
经　　销：新华书店
印　　刷：北京荣宝艺品印刷有限公司
开　　本：787 × 1092　1/16
印　　张：12
版　　次：2020 年 5 月第 1 版
印　　次：2020 年 5 月第 1 次印刷
书　　号：ISBN 978-7-5010-6678-0
定　　价：98.00 元

State Administration of
Cultural Heritage

MAJOR ARCHAEOLOGICAL
DISCOVERIES IN

CHINA

Cultural Relics Press
Beijing 2020

协作单位

中国社会科学院考古研究所

山西省考古研究院

内蒙古文物考古研究所

上海博物馆

南京博物院

浙江省文物考古研究所

安徽省文物考古研究所

江西省文物考古研究院

山东省文物考古研究院

湖北省文物考古研究所

荆州博物馆

湖南省文物考古研究所

广州市文物考古研究院

成都文物考古研究院

云南省文物考古研究所

陕西省考古研究院

西安市文物保护考古研究院

甘肃省文物考古研究所

宁夏文物考古研究所

新疆文物考古研究所

目 录 CONTENTS

前 言
Preface

2 陕西汉中南郑疙疸洞旧石器时代洞穴遗址
Jiegedong Cave-site of the Paleolithic Age in Nanzheng District, Hanzhong, Shaanxi

7 内蒙古化德四麻沟新石器时代遗址
Simagou Site of the Neolithic Age in Huade, Inner Mongolia

13 江苏淮安黄岗遗址 2018～2019 年发掘收获
Excavation Results of the Huanggang Site in Huai'an, Jiangsu in 2018 to 2019

18 浙江德清中初鸣良渚文化制玉作坊遗址群
Zhongchuming Jade Workshops Complex of Liangzhu Culture in Deqing, Zhejiang

23 浙江义乌桥头新石器时代遗址
Qiaotou Site of the Neolithic Age in Yiwu, Zhejiang

28 山东滕州西孟庄遗址
Ximengzhuang Site in Tengzhou, Shandong

34 湖南华容七星墩新石器时代遗址
Qixingdun Site of the Neolithic Age in Huarong, Hunan

39 云南元谋丙弄丙洪遗址
Bingnong Binghong Site in Yuanmou, Yunnan

43 宁夏隆德周家嘴头遗址
Zhoujiazuitou Site in Longde, Ningxia

48 安徽肥西三官庙遗址二里头时期遗存
Sanguanmiao Site of the Erlitou Period in Feixi, Anhui

53 河南偃师商城遗址 2019 年发掘收获
Excavation Results of the Shang Walled Site in Yanshi, Henan in 2019

58 新疆尼勒克吉仁台沟口遗址 2019 年发掘收获
Excavation Results of the Jirentaigoukou Site in Nilka, Xinjiang in 2019

64 浙江衢州庙山尖西周土墩墓
Miaoshanjian Mound Tomb of the Western Zhou Dynasty in Quzhou, Zhejiang

68 山西闻喜邱家庄东周墓地
Qiujiazhuang Cemetery of the Eastern Zhou Period in Wenxi, Shanxi

72 浙江安吉龙山 107 号墓
Longshan Tomb No. 107 in Anji, Zhejiang

78 山东滕州大韩东周墓地
Dahan Cemetery of the Eastern Zhou Period in Tengzhou, Shandong

85 湖北随州枣树林春秋曾国贵族墓地
Zaoshulin Cemetery of Noble of the Spring-and-Autumn Period Zeng State in Suizhou, Hubei

92 湖北荆州龙会河北岸战国楚墓
Longhui River Northern Bank Cemetery of the Warring-States Period Chu State in Jingzhou, Hubei

96 江苏仪征联营西汉家族墓地
Lianying Family Cemetery of the Western Han Dynasty in Yizheng, Jiangsu

103 湖北荆州胡家草场西汉墓
Hujiacaochang Burial of the Western Han Dynasty in Jingzhou, Hubei

108 西安汉长安城北宫一号建筑遗址
Building Group No.1 in the Beigong Palace of the Han Capital City Chang'an, Xi'an

113 西安长安区北里王汉代积沙墓
Sand-filled Tombs of the Han Dynasty at Beiliwang Village in Chang'an District, Xi'an

118 西安灞桥区栗家村汉墓
Lijiacun Cemetery of the Han Dynasty in Baqiao District, Xi'an

124 江西赣江新区七星堆六朝墓群
Qixingdui Cemetery of the Six Dynasties in Ganjiangxinqu District, Jiangxi

129 广东广州横枝岗古墓群
Hengzhigang Cemetery in Guangzhou, Guangdong

134 西安南郊焦村十六国墓
Jiaocun Burials of the Sixteen-Kingdoms Period in Southern Suburb of Xi'an

139 四川成都琉璃厂五代至宋元时期瓷窑遗址
Liulichang Kiln Site of the Five-Dynasties to the Song and Yuan Dynasties in Chengdu, Sichuan

144 西安隋唐长安城东市遗址
East Market-site of the Sui and Tang Capital City Chang'an, Xi'an

149 陕西咸阳唐高昌王族麴嗣良夫妇合葬墓
Tomb of Tang Dynasty Gaochang Royal Family Member Qu Siliang and His Wife in Xianyang, Shaanxi

153 甘肃天祝岔山武周时期吐谷浑王族喜王慕容智墓
Chashan Tomb of Murong Zhi, Duke Xi of the Tuyuhun Kingdom of the Wuzhou Period in Tianzhu, Gansu

158 青海乌兰泉沟吐蕃时期壁画墓
A Mural Burial of the Tibetan Period at Quangou Ditch in Wulan, Qinghai

163 新疆尉犁克亚克库都克烽燧遗址
Keyakekuduke Beacon Tower Site in Yuli, Xinjiang

167 四川蒲江铁溪宋代冶铁遗址
Tiexi Iron Smelting Site of the Song Dynasty in Pujiang, Sichuan

170 山西太原东山明代晋藩王墓
Dongshan Tombs of the Duke of the Jin State of the Ming Dynasty in Taiyuan, Shanxi

174 上海青浦青龙镇遗址 2018～2019 年发掘收获
Excavation Results of the Qinglongzhen Site in Qingpu, Shanghai in 2018 to 2019

177 安徽濉溪长丰街明清酿酒作坊群遗址
Changfengjie Brewhouses of the Ming and Qing Dynasties in Suixi, Anhui

前 言 PREFACE

2019 年是中华人民共和国成立 70 周年华诞，也是全国文物系统以习近平新时代中国特色社会主义思想为指导、全面落实文物保护利用改革重大决策部署的开局之年。国家文物局持续推进"考古中国"重大项目，继续做好北京城市副中心、雄安新区、冬奥会等国家重大建设项目考古工作，全年批复考古发掘项目 1096 项。广大考古工作者主动担当、奋发作为，重要考古发现精彩纷呈，以考古实物证据系统阐释中华文明的悠久历史与宝贵价值。

旧石器时代考古取得新进展，人类起源再添新资料。河北泥河湾盆地旧石器遗址群、宁夏灵武水洞沟遗址等重要遗址考古发掘持续进行，黄河中下游陕西、山西、山东等地调查发现 30 余处旧石器地点，进一步丰富了各地区旧石器时代考古学文化内涵。陕西汉中疥疙洞遗址发现距今 10 万～1.5 万年的早期现代人类化石和丰富的文化遗存，填补了汉中盆地旧石器时代晚期人类洞穴型居址的空白，为东亚现代人本土起源提供了重要的考古学证据。

新石器时代考古取得重大突破。黑龙江饶河小南山、内蒙古化德四麻沟、浙江义乌桥头等遗址极大地丰富了我国新石器时代早期考古学文化内涵和区域文化序列，对研究我国乃至东亚地区旧石器与新石器时代过渡、农业起源与早期社会形态具有重要意义。在"考古中国"重大项目的整体部署下，河套地区、中原地区、长江中下游地区文明化进程研究齐头并进。陕西神木石峁遗址皇城台揭露出史前时代最为壮观的建筑群，改变了对中国早期文明发展高度的传统认知。河南淮阳平粮台城址确认了严整规划的方正格局与最早的城市"中轴线"，在城市发展史上具有里程碑式的突出价值。山东滕州西孟庄首次完整揭露龙山文化小型围墙聚落，对全面认识龙山文化社会形态意义重大。

夏商周考古成果丰硕。都邑遗址考古不断深入，河南偃师二里头遗址迎来 60 周年甲子纪念，偃师商城"仓囷区"的发现为理解遗址性质提供了新角度。山西绛县西吴壁、河南安阳辛店铸铜遗址揭示了夏商王朝核心地区铜矿开采、冶炼、铜器铸造技术与生产组织方式，安徽合肥三官庙遗址展现了淮河流域青铜文化的高度发展，甘肃敦煌旱峡玉矿遗址深入探寻公元前两千纪至公元前后"玉石之路"踪迹，为探索三代文明与早期王朝国家的兴起与发展提供了珍贵资料。东周列国考古新发现层出不穷，秦、晋、芮、韩、齐、邾、倪、蔡、楚、曾、越等国城址及大型墓葬均有重要发现，湖北随州枣树林墓地发现三组曾侯墓葬和不同级别贵族墓，弥补了春秋中期曾国考古的缺环，体现出考古写史的作用和意义。

秦汉至明清时期考古成果喜人，考古新发现深化、更新历史认知。都城考古多年连续开展，汉唐长安城、南宋临安城等都城内部重要宫殿建筑基址陆续揭露，推动城市考古不断深入；秦汉宕渠县、唐宋益州城等州郡、县邑城址陆续被发现，以生动的实物资料再现了秦汉以来的政治地理架构。西安焦村十六国大墓、江西赣州七星堆六朝墓群、山西太原东山明晋藩王墓及相关文物的发现，不断完善古代高等级贵族墓葬制度和家族墓葬制度内容。湖北荆州胡家草场汉墓出土简牍逾4600枚，格外引人注目。此外，宗教考古、手工业考古等方面取得重要进展，重庆江津石佛寺遗址完美再现"西蜀第一禅林"的昔日风华，安徽濉溪长丰街明清酿酒作坊群遗址揭露出完整的酿酒生产线，生动再现了明清时期北方地区蒸馏酒制作工艺。

边疆考古成绩斐然，"一带一路"考古蓬勃开展。《新疆考古工作规划》稳步实施，奇台石城子等城址考古不断深化汉唐军政体系研究，实证汉唐中央政府对西域地区的有效管辖。西藏阿里地区考古持续深入，开创西藏西部地区考古工作新局面。甘肃武威天祝吐谷浑王族墓葬、青海乌兰泉沟吐蕃时期壁画墓、新疆尉犁克亚克库都克烽燧遗址等考古发现，全面揭示出丝绸之路鼎盛时期的民族融合与文化交流盛况。广东"南海Ⅰ号"沉船室内考古发掘全部完成，丰富了海上对外贸易与交流的内容，福建泉州南宋南外宗正司及宋元市舶司遗址、上海青龙镇遗址的发掘与研究，进一步勾画出宋元以来海上丝绸之路的繁华图景。

2020年是全面建成小康社会和实施"十三五"规划的关键之年，也是文物系统深化改革的攻坚之年。考古工作者作为我国文化遗产保护的中坚力量，肩负着守护地下文化遗产安全、阐释中华文明核心价值、传承弘扬中国优秀传统文化的重要职责。希望全体考古工作者守正创新、积极有为，奋力谱写新时代考古事业发展新篇章。

陕西汉中南郑疥疙洞旧石器时代洞穴遗址

JIEGEDONG CAVE-SITE OF THE PALEOLITHIC AGE IN NANZHENG DISTRICT, HANZHONG, SHAANXI

疥疙洞遗址位于陕西省汉中市南郑区梁山镇南寨村，地处梁山余脉、汉江右岸第三级阶地上，东南距龙岗寺国家考古遗址公园约3公里。2017年，陕西省考古研究院等单位在秦岭南麓和巴山北麓的汉中盆地开展以探寻更新世洞穴遗址为导向的专项调查时发现并确认。2018～2019年，经国家文物局批准，在陕西省文物局的支持下，陕西省考古研究院、中国科学院古脊椎动物与古人类研究所、南京大学地理与海洋科学学院和南郑区龙岗寺遗址管理委员会办公室联合组队，对该遗址进行了抢救性考古发掘。

发掘面积共27平方米，布1米×1米探方27个，在文化层内以0.05米为水平层逐层发掘。测量了出土遗物的三维坐标和产状信息，除采集测试、浮选土样外，还对全部堆积物进行了水洗。同时开展了航拍、航测、多视角影像三维重建，并进行了石器类型学、动物考古学、体质人类学、地层年代学等多学科研究。

遗址地层堆积厚约1.6米，可分为13层，第①、②层为近现代堆积，第③～⑩层为旧石器时代文化层，第⑪～⑬层为自然沙砾层，第⑬层以下为基岩。发现火塘、人类活动面、石器加工点等遗迹，出土人类化石、石制品、烧骨、动物化石等遗物万余件。

根据地层关系、堆积特点和遗迹、遗物特征，可将遗址的文化遗存分为三组。

第一组为第⑨、⑩层，深灰黑色粉砂堆积，夹杂大量灰岩碎屑。出土石制品、烧骨、动物化

疥疙洞遗址

遗址近景（西北—东南）
Close-view of the Site (NW-SE)

地层堆积（西—东）
Stratigraphy (W-E)

石 100 余件，遗物分布较稀疏。石制品原料以石英砾石为主，工具多见以石片为毛坯加工的中小型刮削器。动物化石多为碎骨，少量为牙齿化石，以鹿科、牛科动物较常见。

第二组为第⑥～⑧层，深灰棕色粉砂堆积，夹杂少量灰岩角砾。出土石制品、烧骨、动物化石 1400 余件，遗物分布较密集。石制品原料以石英砾石为主，其次为石英岩和凝灰岩砾石；类型包括石核、石片、工具、断块和片屑；工具大多以石片为毛坯，主要为中小型刮削器，少量为尖状器；加工技术为"简单石核—石片技术"，主体属于华北小石片石器工业系统。动物化石多见

碎骨，牙齿亦较多见，主要为鹿科和牛科动物。

第三组为第③～⑤层，浅黄棕色粉砂堆积，夹杂较多灰岩角砾。发现火塘 2 处、人类活动面 1 处、石器加工点 3 处。出土人类化石、石制品、烧骨、动物化石等遗物万余件，遗物分布密集。第⑤层下有 1 处火塘，位于洞口西侧，以火塘为中心分布较多石制品、动物化石和烧骨。第④层下发现 1 处人类活动面，具有明显的踩踏面，其上有火塘、石器加工点等遗迹，遗物也较丰富。石制品集中发现于洞口西侧，见有石器加工点，表明洞口区域曾作为石器加工的场所。火塘位于洞口东侧，其旁见较多烧骨和石制品，应是人类日常生活、

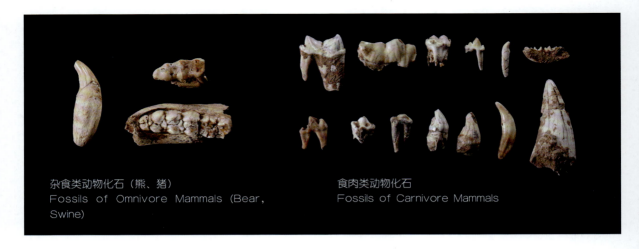

杂食类动物化石（熊、猪）
Fossils of Omnivore Mammals (Bear, Swine)

食肉类动物化石
Fossils of Carnivore Mammals

取暖的区域。动物化石多集中分布于洞内近洞壁处和洞口石柱下方，这些区域应是人类堆积废品的区域。第③层下、洞口西侧也发现 1 处石器加工点。原生地层中出土的人类化石为 2 枚早期现代人牙齿化石，分别发现于第④层和第③层。另在早年被人工搬运至洞外的、含石制品和动物化石的堆积中筛洗发现人类牙齿 4 枚、头骨残块 3 块，筛洗出土的人类遗骸的石化程度多与原生地层中出土的人类化石相当。石制品 1500 余件，原料以石英砾石为主，其次为石英岩和凝灰岩砾石。包括石锤、石核、石片、工具、断块和片屑，涵盖了石器生产和使用的各个环节。工具基本以石片为毛坯，多为中小型刮削器，存在少量尖状器，偶见个体较大的重型刮削器。加工技术为"简单石核—石片技术"，主体属于华北小石片石器工业系统。动物化石及烧骨 8000 余件，多为碎骨，牙齿化石亦较丰富，初步鉴定有鹿、麂、牛、剑齿象、犀、野猪、大熊猫、熊、狼、最后鬣狗、黄鼬、豪猪等20余种，鹿科和牛科动物占绝大多数，属于晚更新世"大熊猫—剑齿象"动物群。

应用 ^{14}C 和光释光两种方法对三组遗存进行了测试。由于动物化石和烧骨中的骨胶原已被分解，^{14}C 方法未能测出年代。初步的光释光测年结果显示，第一组地层堆积的形成年代为距今 10 万年或更早；第二组地层堆积的形成年代为距今 7 万～5 万年；第三组地层堆积的形成年代为距今 3 万～1.5 万年，其中出土早期现代人牙齿化石的第④层的形成年代有距今 3.04（±0.63）万年和 2.85（±0.54）万年两个数据。这三组文化遗存大体可以代表古人类利用疥疙洞的三个时期，

第一期即第一组堆积的形成阶段，人类仅偶尔在洞穴活动。第二期即第二组堆积的形成阶段，人类活动较为频繁。第三期即第三组堆积的形成阶段，人类活动处于繁盛期。三个时期的石器工业面貌基本一致，总体呈现出文化连续发展的特点。

疥疙洞遗址的发掘，取得了多项重要发现，为研究中国古人类体质及其文化的连续演化、不间断发展和旧石器时代中、晚期的过渡提供了珍贵的人类化石、文化遗存和地层年代、古环境证据，具有重要的学术意义。

第一，该遗址是中国旧石器时代遗址中罕见的、保留了距今 10 万～1.5 万年间丰富文化遗存的洞穴遗址。遗址地层堆积基本连续、层位关系清楚、出土遗物性质明确，为旧石器时代中、晚期过渡问题的研究提供了重要资料，同时也进一步丰富了中国境内距今 10 万～5 万年间的考古发现，再次证明了中国境内并不存在距今 10 万～5 万年间的人类活动空白期。

第二，在秦岭地区首次发掘出土了早期现代人化石，并发现了与之共生关系清晰的华北小石片石器工业系统的石制品，显示出该地区早期现代人所创造的文化与更早时期人类创造的文化一脉相承。这一发现不仅为研究秦岭地区晚更新世晚期的人类体质特征、现代人在中国境内的扩散与时空分布提供了关键的材料，也为中国乃至东亚地区早期现代人可能演化自本土古人群的假说提供了重要的考古学证据。

第三，填补了秦岭中西部地区旧石器时代晚期人类洞穴类型居址的空白，为研究早期人类洞穴和旷野阶地两种类型的居址形态和生计

方式提供了重要资料。同时也对研究秦岭地区旧石器时代晚期的石器工业面貌、人类技术行为方式、旧石器文化发展及演变过程具有十分重要的价值。

第四，出土了数量众多、种类丰富、与人类活动密切相关的动物化石，极大地丰富了秦岭地区晚更新世的动物化石材料，为研究该时期动物种群演变、人类生存环境背景等提供了重要素材。

（供稿：张改课　王社江　鹿化煜　赵汗青）

洞口区域第⑧层遗物分布情况（西—东）
Distribution of Remains of Layer 8 Near the Cave Entrance (W–E)

洞口区域第④层上部遗物分布情况（西—东）
Distribution of Remains of Upper Layer 4 Near the Cave Entrance (W–E)

洞口区域第⑤层下火塘（西—东）
Hearth Under Layer 5 Near the Cave Entrance (W–E)

洞口区域第④层下人类活动面（西—东）
Activity Area Under Layer 4 Near the Cave Entrance (W–E)

洞口区域第③层下石器加工点（西—东）
Location for Stone Tools Manufacture Under Layer 3 Near the Cave Entrance (W–E)

洞内区域第④层遗物分布情况（北—南）
Distribution of Remains of Layer 4 in the Cave (N–S)

石制品（第一期）
Stone Implements (Stage I)

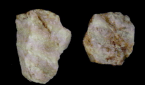

石核（第二期）
Stone Cores (Stage II)

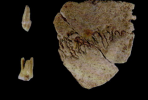

人类牙齿与头骨残块
Human Teeth and Cranium Piece

石片（第二期）
Stone Flakes (Stage II)

尖状器与刮削器（第二期）
Points and Scrapers (Stage II)

石片（第三期）
Stone Flakes (Stage III)

早期现代人牙齿化石
Teeth Fossils of Early Homo Sapiens

尖状器与刮削器（第三期）
Points and Scrapers (Stage III)

食草类动物化石（牛科、鹿科）
Fossils of Herbivore Mammals (Bovidae, Cervidae)

The Jiegedong Site is located at the Nanzhai Village of Liangshan Township, Nanzheng District, Hanzhong City, Shaanxi Province. In 2018-2019, the Shaanxi Provincial Institute of Archaeology and other institutions conducted rescue excavation to the site, which uncovered areas of 27 sq m and found hearths, activity areas and locations for stone implements manufacture, unearthed together with more than 10,000 artifacts, including human fossils, stone implements, animal fossils, etc. The cultural remains can be divided into three stages dating from 100,000 to 15,000 BP. Stone implements of different stages show similar characteristics indicating a continued development of the same tradition. Teeth fossils are the first samples of early Homo sapiens ever unearthed in the Qinling Mountains. The discoveries fill in the gaps of the late Paleolithic Age human cave-site in the central-western Qinling area and provide important evidences for the discussion on continued physical and cultural evolution of the human beings as well as the transition from middle to late Paleolithic Age in China.

内蒙古化德四麻沟
新石器时代遗址

SIMAGOU SITE OF THE NEOLITHIC AGE IN HUADE, INNER MONGOLIA

四麻沟遗址位于内蒙古自治区乌兰察布市化德县白音特拉乡解放村南,地处丘陵山间的泉水沟岸东侧的坡地之上,南高北低。遗址东侧为山丘,南部是山坳坡地,西部是两山间的坡川地带,北部是较为开阔的山间川地。2016 年,在对裕民遗址的考古发掘和在化德县及周边区域的专题调查中发现该遗址。遗址南北长约 500、东西宽约 60 米,总面积近 30000 平方米。遗址地表散布大量石制品、石器剥片及少量碎陶片。顺沟岸自北向南分为 6 区,除第 III 区遗存保存较好

外,其余 5 区破坏较严重。2017 ~ 2019 年,内蒙古文物考古研究所等单位持续开展阴山北麓新石器时代早期考古学文化研究项目,对该遗址的第 III 区进行了发掘。发掘面积 2200 平方米,其中 2019 年发掘面积 500 平方米。

第 III 区位于遗址中部,南北长 80、东西宽 50 米。地层堆积为坡状分布,东南高,西北低。遗址地层堆积厚 0.25 ~ 1.6 米,分为 4 层。第①层为表土层,黄褐色砂土,颗粒较大,土质疏松,包含较少的沙石和少量植物根系,厚 0.25 ~ 0.3

遗址发掘区全景
Full-view of the Excavation Area

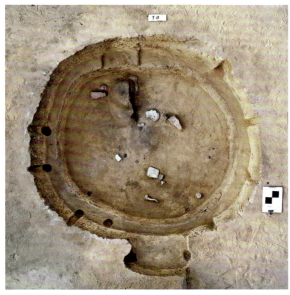

F18
House Foundation F18

F4、F2
House Foundations F4 and F2

F7
House Foundation F7

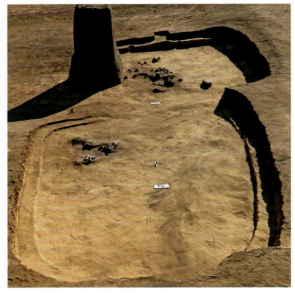

F13、F12
House Foundations F13 and F12

米；第②层为深黄褐色土，颗粒较大，土质疏松、纯净，包含少量沙石，厚0.1～0.5米；第③层为灰褐色土，颗粒较大，土质疏松、纯净，包含少量沙石，厚0.1～0.45米；第④层为灰黑色砂土，颗粒较大，土质疏松，包含少量碎陶片、打制石器、磨制石器、细石器、石器剥片及骨器、兽骨等，厚0.15～0.55米；第④层以下为生土，黄色砂土，颗粒大，土质纯净。

清理房址19座、室外灶21座，均开口于第④层下，打破生土。房址成排排列。F1破坏严重，只残存地面烧灰土堆积的圆形灶，形制不详。其他18座房址中，F2、F8、F18、F19为圆形半地穴式，F3、F16、F17为方形半地穴式，其余均为圆角长方形或近长方形半地穴式。其中F4打破F2、F12打破F13、F16打破F9、F11打破F19。房址大小不一，圆形房址直径3.3～4.5米，圆角长方形房址进深3.8～6、间宽3.5～5.5米，方形房址边长5～5.5米。房址坐北朝南，门道多为长方形台阶式，其中F9、F15的门道外两侧设有门柱。房内均设有二层台和壁柱，在部分房屋内还发现柱洞，制作粗糙。多数房址墙壁为黄砂土，无二次加工痕迹，居住面亦不明显。房屋内部保存地面灶，平面呈圆形、椭圆形和不规则形，灶面的烧灰土堆积较高，多数灶面上放置石块。F13和F11内发现圆形室内窖穴。室外灶分为石堆灶和土坑灶两种，多分布于发掘区的东部，大小、深浅不一，多为圆形，部分只保存灶底，灶内填土为烧灰土，直径0.2～1.4、深0.05～0.2米。

本次发掘共出土器物4500余件，其中大部分为石制品，少量为陶器残片及骨器，另有大量残碎兽骨。主要出土于第④层及房址内的填土中。

石制品原料以灰黑色硅质岩为主，砂岩次之，还有少量玛瑙、燧石、石英石等。多数为打制石器，极少量为磨制石器，个别石器为局部磨制。器形有铲、斧、锛、砍砸器、锛形器、刮削器、磨盘、磨棒、磨石、镞、石核、石叶等。另外还出土大量石制品剥片。陶器多为较小的陶器残片，可复原器形极少。主要为夹砂黑褐陶、夹砂黄褐陶和泥质黄褐陶，质地疏松，烧制温度低。纹饰有网纹、麻点纹、三角压印纹。制法为泥片贴筑法。器形有釜、筒形罐、敞口小底罐、片状器、纺轮、饰件等。片状器为椭圆形或方圆形，素面。骨器有锤、铲、骨柄石刃器、锥、针、饰片等。此外，

F16
House Foundation F16

F15
House Foundation F15

F11
House Foundation F11

F9
House Foundation F9

在部分房址内，较为集中地出土了数量不等的动物骨骼和少量蚌壳。

从房址形制和打破关系看，遗址可分为早、中、晚三个时期，房址形状演变过程为圆形、圆角长方形、方形。从出土的石器、陶器、骨器特征及组合看，该遗址继承了裕民文化的因素，¹⁴C测年结果为距今 8400～7200 年。

出土的生产工具以打制石器为主，另有少量的磨制石器及细石器，还有较多的石制品剥片，说明石制品加工是当时的生产活动之一。在中、晚期的房址内，一定比例的大型破土石制工具及小平底陶器的出现，反映了在狩猎和采集为主的生业方式的基础上，原始种植的比重开始加大，说明该区域是农业起源的重要区域。

经初步鉴定，遗址内发现的动物有蚌、雉、鸟、狗、狼、马鹿、梅花鹿、狍、獐、野兔、野马、野驴、野牛、圣水牛、野猪等，其中狗为驯养家畜。植物子种类有粟、水棘针、繁缕、藜、大籽蒿、猪毛菜等。对部分石器、陶器进行了初步的残留物分析，发现的植物遗存包括小麦族、黍亚科以及块茎类植物，块茎类植物包括百合、天花粉以及香蒲等。

在房址外发现了室外灶及用火遗迹，说明该遗址在使用中存在夏季室外用炊的现象，这是裕民遗址中没有发现的迹象。综合复查遗址的自然环境特征及其他因素判断，裕民文化诸遗址为草原地区新石器时代早期的季节性营地式聚落遗址，四麻沟遗址为夏季营地，裕民遗址为冬季营地。该生业方式为游牧业产生奠定了基础，对中国北部及西部草原地带的新石器时代早期文化的研究具有重要意义。

（供稿：胡晓农　包青川　李恩瑞　陈文虎）

Z1、Z16、Z9、Z14
Hearths Z1, Z16, Z9 and Z14

陶筒形罐
Pottery Cylindrical
Jar

陶小底敞口罐
Pottery Open-mouthed
Small-bottomed Jar

陶小底敞口罐
Pottery Open-mouthed
Small-bottomed Jar

骨器、角器
Bone Implements and Antler
Implements

陶片
Potsherds

陶器
Potterys

陶片状器
Pottery Piece

石器
Stone Implements

石器
Stone Implements

石器
Stone Implements

The Simagou site is located at the south of the Jiefang Village, Baiyintela Township, Huade County, Ulanqab City, Inner Mongolia. The site is about 500 m long from south to north, some 60 m wide from east to west and nearly 3 ha in area. Archaeologists from the Inner Mongolia Institute of Cultural Relics and Archaeology divided the site into 6 zones and conducted several excavations in the relatively well persevered Zone III in 2017, 2018 and 2019. Within the 2200 sq m uncovered area were recovered 19 house foundations, 21 outdoor hearths and unearthed more than 4,500 artifacts, mostly stone implements. The site is a typical settlement of the Yumin Culture dating to 8400 to 7200 BP. A comprehensive survey of the settlements of the Yumin Culture in this area indicates that the Simagou site might be the summer campsite, while the Yumin site might be the winter campsite. The recognition of this seasonal mobile subsistence strategy is important for the research on early Neolithic Age cultures in northern area and western steppe area of China.

江苏淮安黄岗遗址 2018～2019 年发掘收获

EXCAVATION RESULTS OF THE HUANGGANG SITE IN HUAI'AN, JIANGSU IN 2018 TO 2019

黄岗遗址位于江苏省淮安市清江浦区徐杨乡黄岗村，该区域属于黄岗文物埋藏区，早年陆续有汉墓被发现。文物埋藏区范围北至徐杨路，东至岳阳街，南至大寨河，西至城东路。为配合高铁新区水系调整工程芡陵一站引河段项目建设，淮安市文物考古研究所对该项目区域进行评估，发现了黄岗遗址。2018 年 6 月至 2019 年 1 月，南京博物院考古研究所与淮安市文物考古研究所组成联合考古队，对其进行了抢救性考古发掘。

经勘探确认，黄岗遗址总面积 5.6 万平方米，沿东西向岗地分布，文化层普遍厚 2～3 米，最厚处超过 4 米。因遗址地处黄泛区，其上覆盖厚 4～6 米的淤积土，遗址得以完整保存。遗址时代跨度大、文化内涵丰富，以新石器时代遗存为主体，并见西周、汉、唐、宋、元、明等时期遗存。本次发掘区位于遗址西部，发掘面积 4100 平方米，清理不同时期房址、墓葬、灰坑、灰沟、烧土堆积及洞类遗迹等 3800 余处，出土了陶、石、骨、玉、琉璃、铜、铁、瓷等器物 2000 余件。

新石器时代遗存是本次考古发掘的主要内容，也是最为重要的发现，就目前发掘所得初步分析，可将该时期遗存分为两大期，暂且称之为"黄岗一期遗存""黄岗二期遗存"。

一期遗存分布于发掘区中北部，灰坑、灰沟、烧土堆积及洞类遗迹等分布密集，叠压打破关系复杂。陶器以夹砂陶为主，常见以蚌末或植物末作为羼和料，夹砂陶多为外红（褐）内黑，泥质陶较少。陶器器形主要有釜、鼎（锥状足）、钵、罐、壶、鬶、盉、豆、支脚、拍、纺轮、网坠及人面、动物等。釜为大宗，多为四鋬，口下常见一周凸棱，以圜底釜为主，并有少量平底釜。鼎多为敞口釜形或微侈口罐形，多为四鋬。钵分为深腹与浅腹两种，深腹钵器表多通体施红衣，浅腹则多为"红顶"钵。壶中小口壶较具特色，肩部有双系，器表通体施红衣。豆数量较少，未见完整器，柄呈喇叭形。支脚造型多样，有弯曲柱状、猪首形、顶端呈蘑菇形等。陶拍数量多，主要有舌形把手与环形把手两类，器表均见刻划或戳印纹。一期遗存玉、石、骨均较少，玉器仅见璜、环各 1 件，石器有少量砺石、锛、斧等，骨器主要为鹿角靴形器、锥等。

二期遗存主要分布于发掘区南部，局部叠压于一期遗存之上，南临水域（古河道或湖泊）。因位于遗址西南坡，堆积均呈斜坡状，在二期遗存与汉代地层之间存在着一层厚约 1 米的纯净间歇层，土质浅黄夹杂少量结核。南侧滨水区域可见明显淤积层（水相沉积地层），淤积层与遗址地层交错叠压，部分淤积层较为纯净，部分见大量动物骨骼、陶片及烧土颗粒。因地处遗址边缘，且部分为淤积而成，故二期遗存

13

红烧土堆积（ST1）出土陶器
Pottery Wares Unearthed from Accumulation (ST1)

H538 出土编织物
Bamboo Weaving Unearthed from Ash Pit H538

H1451 出土木头
Woods Unearthed from Ash Pit H1451

所发现遗迹不及一期遗存丰富，以灰坑及洞类遗迹为主。出土器物主要为陶器，骨器、石器等较少。陶器器形主要有釜、鼎、钵、匜、豆、罐、鬶、盉、盆、杯、饼、纺轮等。仅从陶器分析，二期遗存文化面貌与一期差异较大。一期常见的四錾、口下饰凸棱陶釜和四錾锥状足陶鼎均不见于二期，二期陶鼎多见侈口、折肩、凹槽足（足面有一道竖向凹槽）。一期常见的各类陶支脚、陶拍基本不见于二期。二期陶匜、三足钵等器形大量出现，彩陶开始流行，主要施于钵、匜等陶器内壁，外彩少见。多为黑彩，少见红彩，纹饰以几何纹为主。

通过对一、二期遗存的比较，可以发现二者之间虽似有某些方面的早晚承续关系，但文化面貌之间的差异性更为突出，似可将二者划归于不同的考古学文化。黄岗一期遗存为青莲岗文化，主要分布于黄岗、青莲岗、凤凰墩、金牛墩、西韩庄、菱陵集、山头、严码、阜宁梨园等遗址，其与安徽濉溪石山孜二期和三期遗存、蚌埠双墩一期遗存、沭阳万北一期遗存及连云港二涧村、朝阳、灌云大伊山早期遗存均有较多相似文化因素，但自身特色十分明显。采集炭样经美国BETA实验室测定，黄岗一期遗存主体年代为公元前5100～前4500年，与石山孜遗址二、三期遗存及双墩遗址一期遗存吻合。

黄岗二期遗存见于青莲岗、笪巷等遗址，与淮河中游的定远侯家寨遗址二期遗存较为相似，其彩陶与龙虬庄遗址二期早段关系密切（时代相同的万北遗址相当于大汶口早期阶段的地层中也出土了一定数量的内彩陶片），结合青莲岗遗址、侯家寨二期、万北遗址测年数据，黄岗二期遗存绝对年代为公元前4100～前3600年。

以青莲岗一期、黄岗一期遗存为代表的青莲岗文化，其常见的敞口四錾圜底釜、猪形陶支脚、亚腰形陶拍等均继承了顺山集文化，主要分布于淮河故道沿线的青莲岗文化与主要分布于中游的以石山孜二、三期为代表的一类文化遗存或均同属顺山集文化系统，为顺山集文化的后续，但它们之间仍存在年代缺环和地域差异。同时，黄岗一期遗存与宁镇地区以左湖早期、凤凰墩早期、

陶四鋬圜底釜（一期）
Pottery Four-handled Round-bottomed *Fu*-cauldron (Stage I)

陶双耳圜底釜（一期）
Pottery Double-handled Round-bottomed *Fu*-cauldron (Stage I)

陶腰檐圜底釜（一期）
Pottery Rimmed Belly Round-bottomed *Fu*-cauldron (Stage I)

陶平底筒形釜（一期）
Pottery Flat-bottomed Cylindrical *Fu*-cauldron (Stage I)

陶釜形鼎（一期）
Pottery *Fu*-cauldron-shaped *Dirg*-tripod (Stage I)

陶罐形鼎（一期）
Pottery Jar-shaped *Ding*-tripod (Stage I)

陶小平底罐（一期）
Pottery Small-flat-bottomed Pot (Stage I)

陶壶（一期）
Pottery Pot (Stage I)

陶钵（一期）
Pottery *Bo*-bowl (Stage I)

北阴阳营 H70 等为代表的一类遗存及环太湖地区的马家浜文化同样关系密切，这种现象为深入探讨宁镇地区同时期遗存及马家浜文化与淮河中下游史前文化之间的交流，甚至其自身来源问题提供了新材料。

黄岗一期遗存可再细分，以 H915、H1049 为代表的最早期单位几乎不见陶鼎，以陶釜为主，胎体更加厚重，陶色偏黄。一期遗存与二期遗存之间有数百年时间缺环，二期遗存及周边同时期遗存"突然"出现并扩散到低洼的里下河地区，类似现象同样存在于青莲岗、侯家寨等遗址，这似乎表明在此期间淮河中下游尤其是下游地区曾遭受过较大的气候变化事件，遗址南侧深厚且多层次的淤积层或许能够予以印证。全新世大暖期背景下的大规模海侵、海退致使地貌发生巨大变化，人类生存环境因此被改变，族群迁徙及文化发展嬗变与环境变化密切相关。而黄岗遗址所见的环境变迁指示物为解释此类现象及其动因提供了可能。

20 世纪 50 年代，南京博物院考古工作者调查发现并试掘了位于淮河故道南侧的淮安青莲岗遗址，并提出"青莲岗文化"。关于青莲岗文化的内涵、时空框架乃至存废等一系列问题曾一度引起学界热烈讨论。黄岗遗址的发现和大面积发掘，为重新认识青莲岗文化以及淮河故道沿线公元前 5000 ～前 3500 年的考古学文化面貌提供了新契机。

（供稿：林留根　甘恢元　胡兵　闫龙）

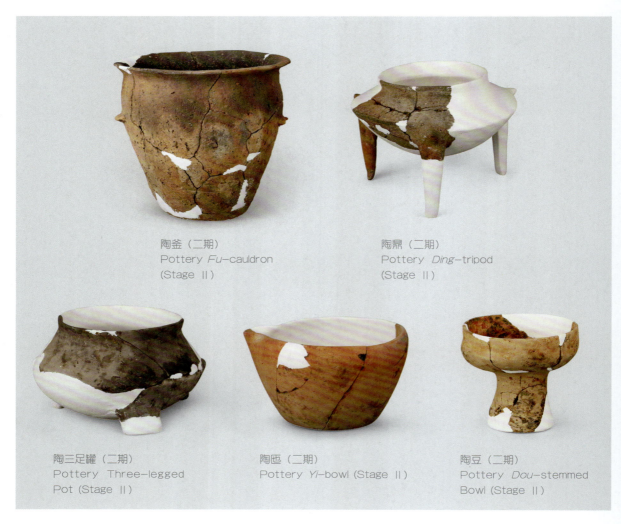

陶釜（二期）
Pottery *Fu*-cauldron
(Stage II)

陶鼎（二期）
Pottery *Ding*-tripod
(Stage II)

陶三足罐（二期）
Pottery Three-legged
Pot (Stage II)

陶匜（二期）
Pottery *Yi*-bowl (Stage II)

陶豆（二期）
Pottery *Dou*-stemmed
Bowl (Stage II)

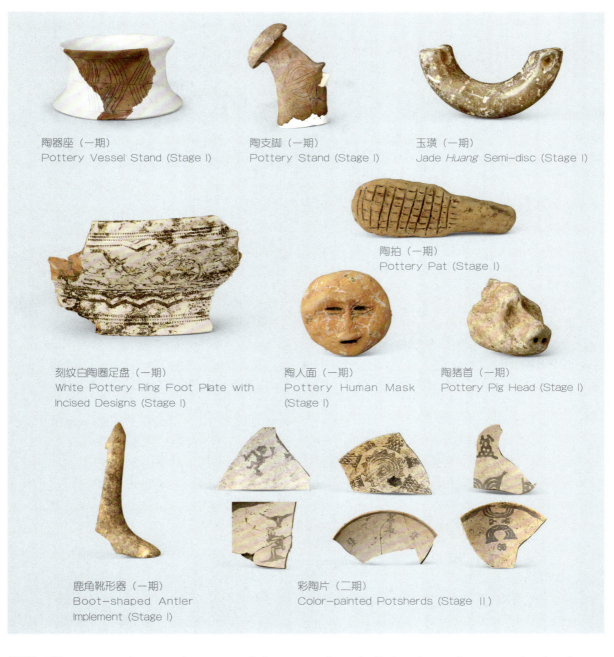

陶器座（一期）
Pottery Vessel Stand (Stage I)

陶支脚（一期）
Pottery Stand (Stage I)

玉璜（一期）
Jade *Huang* Semi-disc (Stage I)

陶拍（一期）
Pottery Pat (Stage I)

刻纹白陶圈足盘（一期）
White Pottery Ring Foot Plate with Incised Designs (Stage I)

陶人面（一期）
Pottery Human Mask (Stage I)

陶猪首（一期）
Pottery Pig Head (Stage I)

鹿角靴形器（一期）
Boot-shaped Antler Implement (Stage I)

彩陶片（二期）
Color-painted Potsherds (Stage II)

The Huanggang site covering areas of about 5.6 ha is located at the Huanggang Village, Xuyang Township, Qingjiangpu District, Huai'an City, Jiangsu Province. In June 2018 to January 2019, a joint team of the Institute of Archaeology of the Nanjing Museum and the Huai'an City Institute of Cultural Relics and Archaeology conducted rescue excavation at the site. Within the 4100 sq m uncovered area were recovered more than 3800 features including house foundations, burials, ash pits, ash ditches, burnt clay accumulated and post-holes, and unearthed more than 2000 artifacts of pottery, stone, bone, jade, bronze, iron and porcelain. The most important discovery is the Neolithic Age remains which can be divided into two stages. Huanggang Stage I is the remains of the Qingliangang Culture dating to 5100 to 4500 BC. The date of Huanggang Stage II might be 4100 to 3600 BC. The excavation gives new data to the rethinking of the Qingliangang Culture.

浙江德清中初鸣
良渚文化制玉作坊遗址群

ZHONGCHUMING JADE WORKSHOPS COMPLEX OF
LIANGZHU CULTURE IN DEQING, ZHEJIANG

中初鸣遗址位于浙江省湖州市德清县雷甸镇杨墩村，西南距良渚遗址群约18公里。该地区地势较低，水网发达，毗邻今苕溪和京杭大运河，水路交通十分便利。民国（1932年）《德清县新志》卷二记载："中初鸣、下初鸣、桑育、高桥，地中时掘有杂角古玉及圈环步坠等物，质坚，色多红黄，时人谓之西土汉玉，佳者极珍贵。"20世纪90年代，当地开挖鱼塘时出土了大量玉料，文物部门推断这一区域可能存在面积较大的制玉作坊遗址。

2017年10月至2019年12月，为推进"考古中国：长江下游区域文明模式研究——从崧泽到良渚"课题，浙江省文物考古研究所、德清县博物馆对该地区进行了大规模系统调查和勘探，明确了该区域存在一处良渚文化时期的大规模制玉作坊遗址群，称之为"中初鸣制玉作坊遗址群"，总面积超过100万平方米。遗址的相对年代比较集中，为良渚文化晚期，^{14}C测年为距今4800～4500年。

发现和确认良渚文化时期的人工营建土台24处，多沿河道分布，在土台外围均发现有良渚文化时期的废弃堆积。勘探过程中，在地面采集到少量良渚文化陶片、玉料，可辨器形有鼎、鬶。根据现有地貌可将中初鸣遗址划分为A、B、C、D四区，A区位于杨墩村中初鸣、王家里，B区位于杨墩村田板埭，C区位于杨墩农庄；D区位

于杨墩村鲁家坝。其中 A、B 两区保存较好，A 区共发现人工营建土台 11 处；B 区共发现人工营建土台 10 处；C 区因当地修建池塘等原因破坏严重，仅残留人工营建土台 1 处；D 区共发现人工营建土台 2 处，勘探工作正在进行中。

经国家文物局批准，浙江省文物考古研究所、德清县博物馆先后对木鱼桥、保安桥、王家里遗址进行了发掘，并对小桥头、桥南、王家里等遗址进行了试掘。木鱼桥遗址位于 C 区，其他遗址均位于 A 区。

2017 年，对木鱼桥遗址进行了发掘，发现土台 1 处，出土了较丰富的玉料和玉器半成品，玉器半成品以锥形器和管为主。

2018 年，对小桥头、桥南、王家里遗址进行了试掘。在小桥头遗址确认南北相对的土台 2 处。北部土台揭露部分东西长约 23、南北宽约 17 米；南部土台揭露部分东西长约 22、南北宽约 10 米。在土台边的废弃堆积内出土陶器器形有鱼鳍形鼎足、平底罐、圈足盘等，另出土石锛、玉料等，年代为良渚文化晚期。桥南遗址未发现土台，土台可能叠压于现代道路之下，在土台西部的废弃堆积中出土了 100 余件玉料。在王家里遗址西部确认土台 1 处，土台西部被晚期堆积破坏，揭露部分南北长约 20、东西宽约 19 米，仅在土台西部发现少量良渚文化陶片。

遗址分区图
Zones of the Site

木鱼桥遗址
Muyuqiao Site

小桥头遗址土台
Earth Mound at the Xiaoqiaotou Site

王家里遗址土台
Earth Mound at the Wangjiali Site

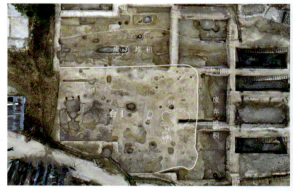

保安桥遗址土台 I
Earth Mound I at the Bao'anqiao Site

保安桥遗址 M1
Burial M1 at the Bao'anqiao Site

保安桥遗址 H3
Ash Pit H3 at the Bao'anqiao Site

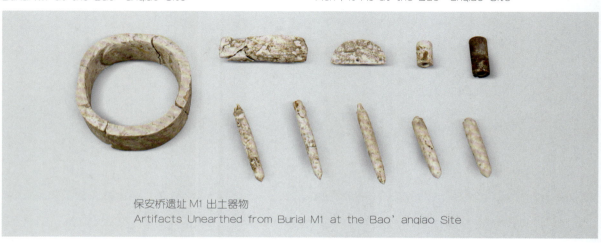

保安桥遗址 M1 出土器物
Artifacts Unearthed from Burial M1 at the Bao'anqiao Site

2018 年，对保安桥遗址进行了发掘，发掘面积近 1100 平方米。保安桥遗址总面积约 1500 平方米，主体是一座东西长逾 28.5、南北宽约 20 米的人工营建土台。土台顶部发现墓葬 4 座、灰坑 1 个、红烧土堆积 1 处。土台外围分别为斜坡状堆积和沟状堆积，在沟状堆积的北侧还清理了水井 2 口、灰坑 14 个、灰沟 2 条。废弃堆积中出土了大量与制玉有关的边角玉料、玉器半成品、残件，以及作为工具的砺石、磨石、钻具和刻划工具等。据统计，玉料多达 1600 件，玉器半成品、成品、残件 200 件，砺石、磨石等工具 50 余件。经初步鉴定与统计，边角玉料以蛇纹石为主。半成品中锥形器和管数量最多，判断保安桥遗址主要大规模生产锥形器和管，产品相对单一，但产量极大。

2019 年对王家里遗址进行了发掘，发掘区位于遗址东北部，发掘面积近 1100 平方米，共发现和清理良渚文化时期土台 1 处、墓葬 3 座、房址 4 座，外围废弃堆积中出土陶器、石器、玉器半成品、玉料等 300 余件。出土玉料仍以蛇纹石为主，玉器半成品以锥形器、管为主。

保安桥、王家里遗址发掘揭露的良渚文化时期土台，范围较为清楚，土台面积、平面形状相似，墓葬、房址数量不多，包含废弃玉料的堆积有一定范围的聚集区，说明中初鸣遗址群内单个作坊遗址面积不大，可能是小型家庭作坊模式。

保安桥、王家里遗址土台外围的废弃堆积均出土了大量边角玉料、以锥形器和管为主的半成品，以及与制玉相关的砺石、磨石。经初步鉴定与统计，边角玉料以蛇纹石为主，说明中初鸣遗址群是良渚文化时期专门生产以蛇纹石为主要原料的玉锥形器、玉管的制玉作坊，如此大规模的生产和生产模式为这一时期、这一区域的经济模式研究提供了极为重要的新材料。

中初鸣遗址是良渚古城遗址周边最为重要的遗址之一，中初鸣遗址的考古工作是良渚文化田野考古的新内容，也是良渚古城遗址申遗成功后，良渚文化重要的学术增长点，丰富了良渚古城外围考古的内容，反映了远距离大规模专业生产的模式，为讨论良渚文化晚期的社会结构、聚落模式和手工业经济提供了丰富的资料，更是良渚文明和良渚古国高度发达的重要体现。

（供稿：朱叶菲　周建忠　费胜成　方向明）

王家里遗址土台 I
Earth Mound I at the Wangjiali Site

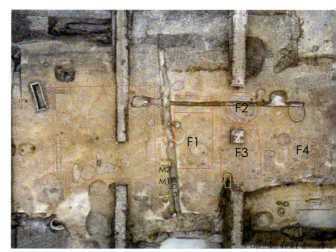

王家里遗址土台 I 顶部
Top of the Earth Mound I at the Wangjiali Site

王家里遗址 M1
Burial M1 at the Wangjiali Site

保安桥遗址出土玉器半成品
Unfinished Jade Products Unearthed
from the Bao'anqiao Site

保安桥遗址出土燧石工具
Flint Tools Unearthed from the
Bao'anqiao Site

保安桥遗址出土条状玉料
Jade Strip-like Raw Materials Unearthed
from the Bao'anqiao Site

The Zhongchuming jade workshops complex is located at the Yangdun Village, Leidian Twonship, Deqing County, Huzhou City, Zhejiang Province, which is 18 km away from Ancient Liangzhu City. In October 2017 to December 2019, the Zhejiang Provincial Institute of Cultural Relics and Archaeology and Deqing County Museum conducted the survey and systematic coring at the site. Discovered 24 man-made earth mounds and strong evidence of a large complex of jade workshops of the late Liangzhu Culture dating to 4800 to 4500 BC. Excavations at the Muyuqiao, Bao'anqiao and Wangjiali sites in the complex unearthed a large number of discarded jade raw materials (mostly serpentine), unfinished jade products, whetstones, mill stones, drills and carving tools. The complex is a new discovery in the fieldwork of the Liangzhu Culture and will trigger new discussions on the social structure, settlement pattern and craft specialization of the late phase of the Liangzhu societies.

浙江义乌
桥头新石器时代遗址

QIAOTOU SITE OF THE NEOLITHIC AGE IN YIWU, ZHEJIANG

桥头遗址位于浙江省义乌市城西街道桥头村，地处金衢盆地义乌江北岸，北纬29°17′27.54″，东经119°57′58.59″，海拔约89米。浙江省文物考古研究所对遗址进行了调查、勘探和试掘（ST1），证实这是一处上山文化遗址，年代距今约9000年，也是迄今发现的义乌市最早的新石器时代遗址。

2014年起，为配合基本建设，经国家文物局批准，浙江省文物考古研究所对其进行了正式发掘。共布探方27个，发掘面积约2300平方米。清理房址1座、墓葬45座、灰坑160余个和灰沟3条。部分上山文化时期的灰坑为"器物坑"，出土大量保存较为完好的陶器，已修复的陶器110余件，而两座上山文化中晚期墓葬为迄今为止浙江地区发现的年代最早的人骨保存较为完好的墓葬。

多年的系统发掘表明，桥头遗址为一处相对独立的环壕—台地聚落单元，遗址的东、南、北三侧为人工挖掘的环壕，遗址西侧被河流冲刷破坏，中部形成近正方形的不完整台地。东侧台地以及环壕的内沿保存基本完整，但外沿被河水冲刷、近现代动土破坏严重，仅在遗址的东部、南部和西北角得到了局部保存。环壕内沿相对较深，且较为陡直，外沿则呈缓坡状，高度低于内沿。在遗址东侧，环壕还存在一向外延伸的通道。总的来看，桥头遗址的环壕遗迹完整性基本确立。环壕宽10～15、深1.5～2米。以环壕的内沿为界线，中心台地的边长约40米。

目前遗址已清理至第⑧层，其中第⑤～⑧层为上山文化层，均分布在中心台地范围。上山文化层遗迹包括房址、灰坑和墓葬等，台地东侧靠近环壕处还存在数个成一定规律分布的柱础，可能存在建筑遗迹。台地在上山文化层存续期间，遗迹整体特征较为一致，缺少垃圾坑等生活性质的遗迹，而以祭祀性质的"器物坑"或者墓葬为主。台地可能存在功能分区，其中房址（F1）位于台地南部，开口于第⑥层下，形状近不规则长方形，东西长、南北窄。通过对F1解剖观察，发现F1当为半地穴式，坑内堆积大量红烧土，周边环绕柱洞。台地北侧上山文化层遗迹以"器物坑"和墓葬为主，如H98、H150内均堆积有大量保存较为完好的陶器，其中H98已修复陶器达50件。这些灰坑内陶器还存在一定的叠压关系，可能是多次活动行为所形成。两座上山文化中晚期墓葬M44、M45均为竖穴土坑墓，侧身屈肢葬，头向东。其中M44人骨保存较为完好，面部朝向南，随葬一件陶罐，置于上肢骨与盆骨之间。M45南北两侧均被晚期遗迹打破，保存状况较差，面部朝向北，不见完整随葬器物。

从遗址西侧被河道破坏所冲刷出的南北向剖面观察，遗址的生土面较为平整，推测遗址最早的利用阶段存在对台地的修整、堆筑等一系列营建行为，环壕的兴建也应开始于这一时期。T1721探方环壕底部发现的灰坑H87的包含物明确属于上山文化时期，结合上山文化层局限于分布在中心台地范围的特征，可确定环壕及土台的营建始于上山文化时期，并可推测是先营建后使用。目前揭露出的环壕内堆积均为跨湖桥文化时期的遗存，但因台地部分上部文化层被破坏较为严重，上山文化层之上已经不见跨湖桥文化层的存在，对环壕内堆积的成因、堆积是较短时间内一次性

环壕全景
Full-view of the Ditch

遗址东南角环壕局部
Part of the Ditch at the Southeastern Corner of
the Site

H150
Ash Pit H150

M44
Burial M44

形成还是较长时间内连续堆积形成等问题，有待寻找进一步的考古证据来解释。总体而言，环壕应兴建并使用于上山文化时期，在这期间，环壕内所倾倒的废弃堆积较少，这也与台地非生活化或者飨宴、祭祀的功能性质一致，至跨湖桥文化时期，环壕—台地的功能性质减弱，环壕也被废弃而堆积大量跨湖桥文化的废弃垃圾。

桥头遗址出土遗物以陶器和石器为主。石器包括磨盘、磨棒、斧、凿、刀等，打制石器极少见。陶器的保存状况较好，以粗泥陶为主，陶器表面多为红色，少量为黑褐色。陶器器形包括大口盆、平底盘、罐、壶、圈足盘等，陶衣鲜亮，以红衣为主，也有乳白衣，体现出陶器装饰的高超技艺。出现了一定数量的彩陶，分乳白彩和红彩两种。红彩以条带纹为主。乳白彩纹比较复杂，出现了太阳纹、短线组合纹等图案。桥头遗址彩陶具备了跨湖桥文化彩陶的基本因素，跨湖桥文化彩陶同样分乳白色的厚彩和红色的薄彩两种，太阳纹图案也一脉相承，充分说明上山文化是跨湖桥文化的重要源头。

以试掘探方早期文化层中获取的炭屑样品进行了 ^{14}C 年代测定，获得了 7985±50（T1⑥）、8090±45（T1⑦）等数据，校正年代为距今约9000年。2019年发掘中又在不同单位系统浮选采集了一系列测年样品，有望获得更加精确的测年数据。

勘探表明，遗址西侧部分为地势低洼地区，遗址东侧还存在较大面积的高地区域，是否存在与现有台地功能相似或者存在差异的其他区域，有待后续的考古发掘工作。

桥头遗址是一处重要而又特征鲜明的新石器时代早期聚落遗址。遗址丰富了对中国东南地区距今约9000年的新石器时代文化面貌的认识。大量制作精美、器形丰富的陶器，为认识当时人类的制陶工艺、彩陶技术的起源以及精神信仰等问题提供了新材料。墓葬出土的人骨为了解新石器时代早期中国南方地区的人种以及不同人种的迁徙与交流提供了珍贵资料。相信随着桥头遗址考古工作的进一步深入开展，将更加清晰完整地揭示出距今约9000年本地区人类的生业模式、社会形态与精神信仰。

经过近二十年的持续考古工作，桥头遗址所属的上山文化已经累计发现了18处遗址，这些遗址多分布于以金衢盆地为中心的浙江中南部低山丘陵之间的河流盆地。这一初具规模的上山文化遗址群为探索旧大陆东部地区新石器时代与稻作农业的起源提供了独特而又丰富的材料。桥头遗址发现的环壕聚落、"器物坑"、墓葬、房址以及大量陶器遗存，表明该阶段已经处于较为稳定的聚落定居阶段。通过浮选植物种子、残留物分析等手段，桥头遗址将为研究当时稻作农业地位、生业结构提供新资料。

（供稿：林森　陈鲲　黄美燕　蒋乐平）

石磨盘
Stone Quern

石磨棒
Stone Roller

穿孔石器
Perforated Stone Implement

石刀
Stone Kinfe

陶壶
Pottery Pots

陶卵腹罐
Pottery Egg-bellied Jar

陶大口盆
Pottery Big-mouthed Basin

陶圈足盘
Pottery Plate with Ring foot

彩陶纹饰
Designs on Color-painted Pottery Wares

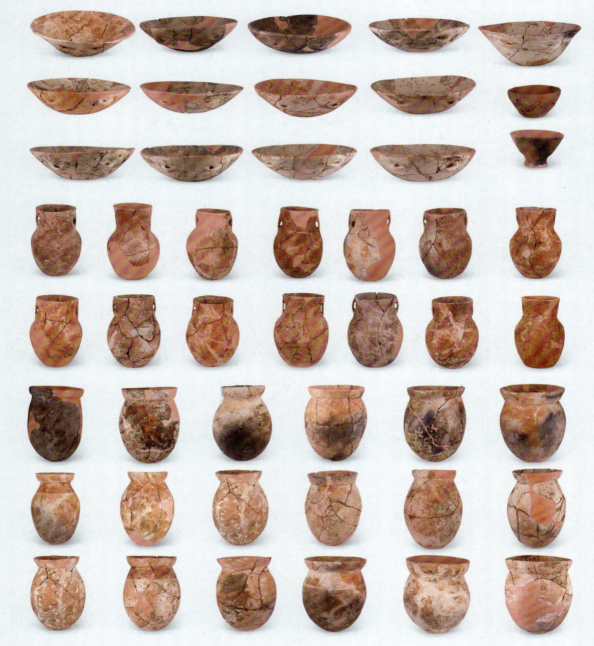

H98 出土陶器组合
Assemblage of Pottery Wares Unearthed from Ash Pit H98

The Qiaotou site is located at the Qiaotou Village, Chengxijie Community, Yiwu City, Zhejiang Province. The Zhejiang Provincial Institute of Cultural Relics and Archaeology conducts rescue excavations at the site from 2014 to 2019 and discovered a ditch surrounding the site, a central mound, storage pits with pottery wares, burials, house foundations and a large number of color-painted pottery wares. The site is the earliest ditch surrounded settlement ever found in East Asia. The color-painted pottery wares are also the earliest in this area. The site is a typical settlement of the Shangshan Culture dating to about 9000 BP and is important for the research on the settlement pattern, social structure, population immigration, cultural communication and ideology of that time in the upper Qiantang River valley.

山东滕州
西孟庄遗址

XIMENGZHUANG SITE IN TENGZHOU, SHANDONG

西孟庄遗址位于山东省滕州市界河镇西孟村南。为配合枣菏高速公路建设，2018～2019年，山东省文物考古研究院对该遗址进行了考古发掘，发掘面积共计2500平方米，完整揭露了一处龙山文化小型围墙聚落。

遗址东侧有一条东北—西南向古河道，微地貌形态隐约可见，当地人称为"沙岗"。遗址西部、北部地势略高，东部、南部地势稍低，受后期平整土地影响，现总体地势较为平坦。因此，遗址现存地层堆积亦较简单，除东部仍残留东周和龙山文化地层外，多数区域遗迹现象直接暴露于表土层下。遗存年代上，除个别战国、汉代墓葬外，均属于龙山文化早中期，发现围墙、环沟、房址、灰坑、墓葬、窑址及大量柱洞，分布组合极有规律，自成单元形成围墙聚落。其发展，据层位关系等判断，可分两期，即下层方形围墙阶段和上层圆形围墙阶段，且方形围墙基槽恰处于圆形围墙外侧环沟之下。

早期即方形围墙阶段。墙体已无存，仅余地基部分，由基槽和柱坑构成。整体近正方形，西北—东南向，东西边长45～46、南北边长47～48米，面积近2200平方米。基槽口宽0.6～0.9米，深度不一，东墙、南墙深0.6～0.8米，北墙、西墙深0.4～0.5米。基槽口发现密集柱洞，间隔约0.2米，柱洞直径0.05～0.1米。基槽底部每间隔0.3～0.4米，则下挖直径0.25～0.4、深0.3～0.4米的柱坑，大部分柱洞都位于这些柱坑中。基槽内沿亦分布一周柱坑，基槽内外各占一半，应为"壁柱"，间距0.8～1、直径0.4～0.6、深0.3～0.4米，柱坑内有柱洞。据此推测，方形围墙的建筑步骤可能为先挖基槽，其后在基槽

底部深挖柱坑，栽埋柱子后回填基槽，再立"壁柱"，最后修筑墙体。南墙正中位置留有一处缺口，宽约3.5米，或为门道所在。东墙正中部位有一方形房址（F19），门向内。西墙偏南部位也有一双间房址（F34），门亦向内。两座房址的后墙基槽虽然都正好与围墙基槽相连，但形制和宽度均不相符，走势也略有错位，且围墙基槽在此有断开的明显迹象。因此判断，围墙在这里起初有两个门道，后来因为不明原因废弃，并建造了两座房址将之封堵。另外，F19以南约9米处向外凸出，形成一横"凹"字结构，规模甚小，长、宽仅1.2～1.8米，显然不是房址，应为围墙上的特殊结构。

本阶段房址共确认10座，集中于西部两期围墙之间，多被晚期环沟叠压破坏，另有大量柱洞、柱坑。同时，圆形围墙之内下层房址亦应属于本期。已发掘房址多为方形地面式木骨泥墙建筑，分单间和双间，面积多为12～20平方米，应为南北向成排分布。以F22为例，南北双间地面式，长约5、宽约3.8米，北间面积约13、南间面积约6平方米，其间有门道相通，门向南。

晚期即圆形围墙阶段，其外环绕浅沟，其内发现大量房址，还有少量灰坑等。

圆形围墙恰处于方形围墙内，平面呈圆形，直径36米，面积近1100平方米，最大周长113米。墙体亦无存，存留基槽和柱坑，除形状和宽深尺寸稍有差异之外，其建筑方式、形制结构与方形围墙几乎完全一致，仅柱洞更加密集，"壁柱"还存在打破现象，推测是修补的遗留。另外，圆形围墙内侧还发现有大半圈柱坑，集

遗址遗迹航拍
Aerial Photograph of the Excavation Area

东墙南段

方形围墙东墙南段（上为东）
Southern Part of the Eastern Wall of the Square Surrounding Wall (Top is East)

中于东、北和西部，大部分与"壁柱"——对应，间距0.8～1米，性质不明。圆形围墙南侧留有一处缺口，宽约6米，应为门道所在。缺口内侧有成组的大柱坑，可能是门道的附属建筑。

环沟围绕于圆形围墙外侧，平面呈不规则形，浅沟状，堆积较平，因地势和后期破坏，东、南侧深0.3～0.5米，西、北侧深约0.1米。环沟内填土多为黑灰色淤土，应为静水沉积而成，其内出土较多陶片、炭屑、烧土粒、蚌壳和兽骨等，应为生活垃圾。综上判断，环沟的形成可能与修筑围墙取土有关。

围墙内的房址共确认34座，另有大量柱坑、柱洞。房址多为方形地面式木骨泥墙建筑，分单间和双间，面积多为15～25平方米。目前发现最大的一座房址为F29，面积达52平方米，为东西二连间地面式建筑，近曲尺形，东间长约6.5、宽5米，西间长6.5、宽3米，中有门道相通。

房址多保存较差，仅存留垫土层，未见活动面和灶址。一般四周挖基槽，槽内有密集柱洞，也有未挖基槽仅挖柱坑或柱洞的房址。房址间的打破关系较多，可见应经过多次重复修建利用过程。房址间分布的一些特殊柱坑（洞）或小面积空间表明，这些房址应存在一些分别和组合。目前看来，圆形围墙内至少存在两组建筑群，并分别享有不同的公共空间。

从方形围墙东西墙的北段和圆形围墙的南半段来看，其内侧都存在平行基槽，说明在使用过程中都曾进行过补修。从地层关系和出土器物来看，方形围墙或修筑于龙山初期，使用到龙山早期早段，早期晚段被圆形围墙代替，圆形围墙延续至龙山中期废弃，但这时还有人活动，发现了一些灰坑、个别墓葬和窑址，以及少量仅残存柱础（有的为碎陶片砸实而成的鸟巢形）部分的柱洞。

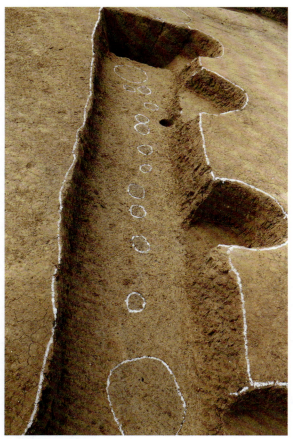

方形围墙基槽内柱洞
Post Holes in the Foundation Ditch of the Square Surrounding Wall

方形围墙东墙基槽内柱坑
Post Pits in the Foundation Ditch of the Eastern Wall of the Square Surrounding Wall

方形围墙"壁柱"
Evidence of the Supporting Post of the Square Surrounding Wall

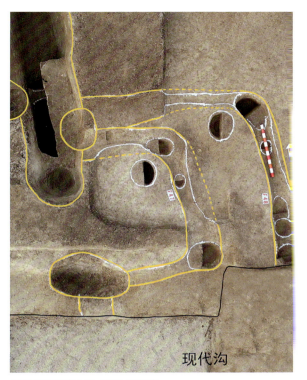

现代沟

方形围墙东墙处横"凹"形结构
A U-shape Structure Against the Eastern Wall of the Square Surrounding Wall

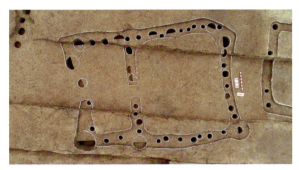

F22
House Foundation F22

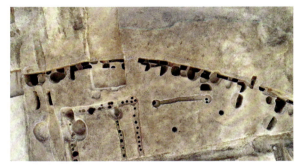

圆形围墙东段（上为东）
Eastern Part of the Circle Surrounding Wall (Top is East)

圆形围墙内柱洞
Post Holes in the Foundation of the Circle Surrounding Wall

圆形围墙西段（上为东）
Western Part of the Circle Surrounding Wall (Top is East)

　　整体来看，西孟庄龙山聚落虽然面积较小，但十分完整，然而遗迹现象主要是围墙和房址，其他种类极少，缺乏一般遗址常见的灰坑、墓地（对遗址周围数百米范围内进行了钻探也未发现）、水井、陶窑等，功能上并不完备，且出土器物种类单一，体量也小。以上现象都表明，西孟庄遗址或许为龙山时期的一种特殊聚落，而非基层聚落。与此同时，该遗址聚落形态早晚变化清楚，阶段性突出，完整地揭示出了聚落发展演变的过程。西孟庄遗址是国内首个完整揭露的龙山文化小型聚落，对于全面认识龙山文化的社会形态具有重要意义。此外，发掘过程中对围墙和房址建筑过程的解剖与复原，在研究龙山文化建筑技术方面也提供了很好的范例，这同样是龙山文化社会发展水平的一个侧面反映。

（供稿：梅圆圆　孙波　高明奎）

圆形围墙门道
Door Way of the Circle Surrounding Wall

F29
House Foundation F29

环沟堆积情况
Deposit in the Circle Ditch

H70
Ash Pit H70

M19
Burial M19

陶鼎（龙山早期）
Pottery *Ding*-tripod (Early Longshan)

陶鬶（龙山中期）
Pottery *Gui*-pitcher (Middle Longshan)

陶鼎（龙山中期）
Pottery *Ding*-tripod (Middle Longshan)

陶罐（龙山中期）
Pottery Jar (Middle Longshan)

陶甗（龙山中期）
Pottery *Yan*-cooking Vessel (Middle Longshan)

环沟内出土石镞
Stone Arrowheads Unearthed from the Circle Ditch

The Ximengzhuang site is located at south of the Ximeng Village, Jiehe Township, Tengzhou City, Shandong Province. The Shandong Provincial Institute of Cultural Relics and Archaeology conducted excavation at 2500 sq m site from 2018 to 2019 and exposed a complete small walled settlement of the Longshan Culture. The features can be divided into two stages according to the stratigraphy. The surrounding wall of the Early Stage is square in shape while that of the Late Stage which had been built after the destruction of the earlier one is circle in shape. Single-room and double-room house foundations of both stages had been found, mostly 15 to 20 sq m in area and square in shape. The wall might be made by clay with wooden framework. The discoveries are significant for the understanding of social structure of the Longshan Culture.

湖南华容
七星墩新石器时代遗址

QIXINGDUN SITE OF THE NEOLITHIC AGE IN HUARONG, HUNAN

七星墩遗址位于湖南省华容县东山镇东旭村，西南距华容县城约30公里，北距湖北省监利县约20公里，南距洞庭湖约15公里。遗址北部为长江自西向东又转向南流，西部有桃花山。遗址所在阶地海拔约34米，高出周边水面约5米，因其上有7个高出地表5～8米的大土墩而得名。

该遗址发现于1978年。2009年，岳阳市文物考古研究所对七星墩遗址及大荆湖周边进行了较详细的调查，在大荆湖周边发现30余处史前遗址。2011年，七星墩遗址被公布为省级文物保护单位，同年，岳阳市文物考古研究所对其进行试掘，发掘面积150平方米，发现有大型建筑基址、祭祀遗存和疑似城垣的堆积等。2013～2014年，为配合基本建设，岳阳市文物考古研究所又对该

遗址进行了抢救性发掘。以上考古工作表明，七星墩遗址是长江中游地区一处重要的新石器时代遗址。2018年，为推动"考古中国：长江中游文明进程"课题研究，经国家文物局批准，湖南省文物考古研究所等单位对七星墩遗址开展了主动性考古调查、勘探和发掘。其中，2018年调查面积约20平方公里，钻探面积约12万平方米，发掘面积约400平方米；2019年调查面积约10平方公里，钻探面积约20万平方米，发掘面积约400平方米。

考古调查主要围绕七星墩遗址所在的大荆湖周边展开，结合2011年调查资料，可初步确认大荆湖周边在石家河文化时期存在一个聚落群，在这个聚落群中，七星墩遗址面积最大，应是中心

遗址范围及历年发掘位置
Site Map with Location of
Excavations

2019 年发掘现场
Excavation Site in 2019

聚落，环绕大荆湖周边有若干附属聚落，面积均较小，多不足 1 万平方米。

2018 ～ 2019 年，对七星墩遗址本体及其周边区域进行了较详细的钻探，对该遗址的范围、城垣和壕沟结构、文化堆积厚度、功能分区等基本情况有了大致了解。七星墩遗址由大墩和小墩两部分组成，大墩在北，又称七星墩，小墩在南，两者中间被一鱼塘分开。遗址由内外两圈城、壕组成，内城呈圆角长方形，面积约 6 万平方米，东垣中部和南垣中部各有一处水门。内城西部为居住区，西北部可能为大型建筑区，东北部基本没有发现红烧土堆积，原始地面较高，文化层较薄，推测该区域可能和日常活动的公共场所有关，也可能是墓葬区。东部居中位置，与东部水门相连接处，原始地表海拔较低，文化堆积埋藏较厚，可能与码头等设施有关。外城呈圆形，城垣外有壕沟，壕沟内（含）面积约 25 万平方米。外城西南部和东部为居住区，中部和东北部各有一大型坑状堆积，可能为水塘。

七星墩遗址东部的瓦山咀、张腊咀和杨腊咀地点均在地表采集有新石器时代文化遗物，瓦山咀地点曾进行过试掘，发现有石家河文化和屈家岭文化时期的堆积，熊家庄地点也曾在调查时发现过 1 座瓮棺葬。这四处地点距七星墩遗址的最短距离约 100 米，中间仅隔一处湖汊，与遗址关系密切。因此，考察七星墩遗址聚落功能区划布局时，必须将这四处地点也纳入其中。

2018 年主要解剖发掘了内城南垣中段（编号 Q1），已揭露部分顶宽 8.1、底宽 36.2（南部未到边）、高 6.5 米。根据土质、土色和堆积形态可分 4 层，均无包含物，中间也未见文化层间隔，因此初步判断 Q1 为一次性修筑而成。Q1 保存较好，主体堆积为花土，不同质地颜色的土均可在附近找到来源，应为就近取土。为了解城墙的建筑方式，我们进行了墙体堆筑和夯筑实验，夯具有木棍、木板、方形石块和圆形石碾。通过对比实验墙体和 Q1 剖面发现，Q1 第①层与堆筑实验墙体堆积特征基本一致，第④层与夯筑实验墙体堆积特征基本一致，第②、③层的堆积形态较特殊，尚不能与实验墙体对应，其建筑方式有待继续研究。据地层叠压关系并结合 ^{14}C 测年数据判断，Q1 的始建年代为屈家岭文化早期（约公元前 3000 年）。

2019 年发掘区西壁剖面
Western Section of the Excavation Area in 2019

Q1 剖面（南—北）
Section of the Wall Q1 (S–N)

木质工具出土情况
Wooden Tool in situ

屈家岭文化土坑墓 M7
Earth-pit Burial M7 of the Qujialing Culture

窖藏坑 H267
Storage Pit H267

除城垣外，2018 年发掘揭露的其他遗迹还有窑址、瓮棺葬、灰坑、灰沟、红烧土堆积等。出土器物主要为陶器和石器。陶器以夹砂红陶为主，次为泥质灰陶和红陶，少量为泥质黑陶；装饰主要有绳纹、方格纹、篮纹、附加堆纹、刻划纹及镂孔等；器形主要有釜、罐、双腹碗、缸、宽扁足鼎、圈足盘、豆、筒形器、壶形器、器盖、纺轮等，其中厚胎平底筒形器较为少见，或与冶炼或煮盐等手工业生产有关。石器均为磨制，器形有斧、锛、凿、镞及砺石等，镞数量较多。遗存年代为屈家岭文化至肖家屋脊文化时期。

2019 年主要解剖发掘了外城南垣中段（编号

Q2），已揭露部分宽44（南、北均未到边）、高3.8米。Q2可分为三期。Ⅰ期位于发掘区北部，堆积特征表现为花土，包含少量木炭、红烧土颗粒和碎陶片。其南部被一灰土层叠压，灰土层呈坡状堆积，灰黑色，包含大量炭屑、动物碎骨、红烧土、陶片等，应为Ⅰ期城垣使用时期形成的生活垃圾堆积。灰土层出土陶器为屈家岭文化早期遗物，据此推断Ⅰ期城垣的年代不晚于屈家岭文化早期。Ⅱ期城垣位于发掘区中部，是在Ⅰ期城垣基础上继续加高形成，堆积特征为花土，包含物极少。Ⅱ期叠压灰土层，被屈家岭文化晚期堆积叠压，其年代应不晚于屈家岭文化晚期。Ⅲ期城垣位于发掘区南部，应是Ⅰ、Ⅱ期城垣向南扩建形成，堆积特征为花土，包含物极少。Ⅲ期叠压灰土层和Ⅱ期城垣，被石家河文化早期遗存叠压和打破，其年代应不晚于石家河文化早期。

除城垣外，2019年揭露的其他遗迹还有灰坑、灰沟、房址、红烧土堆积等。出土器物主要为陶器、石器和木器。陶器以泥质陶为主，多灰陶和黑陶，次为夹砂红陶和夹炭褐陶；以素面为主，装饰仅见少量弦纹、按窝、镂孔等；器形主要为高领罐、双腹豆、双腹碗、直口缸、宽扁足鼎、卷沿盆等。石器较少，均为磨制，器形有镞、斧、锛等。此外，出土有少量木器，均为生产工具。初步判断，遗存年代为石家河文化和屈家岭文化时期，未见肖家屋脊文化时期的遗存。

近两年的考古调查、勘探和发掘情况表明，七星墩遗址由内、外两圈城垣和壕沟构成，面积约25万平方米，内城呈圆角长方形，外城近圆形，始建年代均为屈家岭文化早期，^{14}C测年数据约为公元前3000～前2900年。七星墩遗址这种"外圆内方"的双城结构在长江中游地区应属首次发现，为探讨长江中游地区史前城址的形制功能、发展演变等提供了新资料。同时，发掘出土的一批自屈家岭文化至肖家屋脊文化时期遗存，为长江中游史前文化谱系、文化交流互动、文明进程等课题的研究提供了重要资料。

（供稿：王良智　吴瑞静　张世轩）

陶平底筒形器
Pottery Flat-Bottomed Cylinders

陶双腹豆
Pottery Double-bellied
Dou-stemmed Bowl

陶兽面纹盉（流部）
Pottery *He*-pitcher
with Animal Mask
Design (The Spout)

陶纺轮
Pottery Spindle Whorls

石镞
Stone Arrowheads

H14 出土陶器组合
Assemblage of Pottery Wares Unearthed
from Ash Pit H14

H39 出土陶器组合（部分）
Assemblage of Pottery Wares Unearthed
from Ash Pit H39 (Part)

H134 出土陶器组合
Assemblage of Pottery Wares Unearthed
from Ash Pit H134

M7 出土陶器组合
Assemblage of Pottery Wares Unearthed
from Burial M7

The Qixingdun site is located in the Dongshan Township, Huarong County, Hunan Province. In 2018-2019, the Hunan Provincial Institute of Cultural Relics and Archaeology, with the cooperation of other institutions conducted a survey in a 30 sq km area, a systematic coring of a 32 ha area, and excavations at the site which exposed an area of about 800 sq m. The discoveries demonstrate that the Qixingdun site is a 25 ha walled settlement dating to 5000 to 4000 BP, which has a circle outer wall and a square inner wall. This is a new pattern of prehistoric walled settlement planning ever been found in the middle Yangtze River valley and is important for the research on the structure, function and development of walled settlement in that area. The unearthed features and artifacts of the Qujialing and Xiaojiawuji Cultures are significant for the researches on the chronology and development of social complexity of prehistoric cultures in the middle Yangtze River valley.

云南元谋
丙弄丙洪遗址

BINGNONG BINGHONG SITE IN YUANMOU, YUNNAN

丙弄丙洪遗址位于云南省元谋县江边乡丙弄村委会丙洪村西北约 450 米、金沙江南岸的二级阶地上。该遗址发现于 2011 年 3 月。2018 年 10 月至 2019 年 1 月，为配合乌东德水电站建设，经国家文物局批准，云南省文物考古研究所、楚雄州博物馆、元谋县文物管理所等单位联合对丙弄丙洪遗址进行了抢救性发掘，发掘面积 5000 平方米。

遗址地层堆积共分 7 大层：第①层为耕土层，第②层为淤沙层，第③～⑤层为青铜时代地层，第⑥、⑦层为新石器时代晚期文化层。堆积最深处距地表达 5.5 米。以 TN03E13 南壁为例：第①层为灰色沙土，土质疏松，厚 0.34～0.41 米；第② b 层为青色沙土，土质疏松，厚 0.37～0.53 米；第③层为红褐色细沙土，土质致密，夹杂小石子，厚 0.3～0.39 米；第④ b 层为灰褐色细沙土，土质致密，夹杂零星小石子，厚 0.44～0.46 米；第⑤ a 层为黄褐色粉沙土，土质致密，厚 0.27～0.34 米；第⑤ b 层为浅黄色细沙土，土质较致密，夹杂大量小石子，厚 0.16～0.29 米；第⑥层为褐色沙质黏土，土质致密，夹杂零星炭屑和红烧土颗粒，厚 0.38～0.51 米。

发掘共清理遗迹 88 处，其中墓葬 9 座、房址 16 座、窖藏 1 个、沟 3 条、灰坑 33 个、烧土堆积 8 处、灶 4 座、柱洞 14 个。

9 座墓葬中，8 座为石构墓，1 座为竖穴土坑墓，绝大部分墓葬未发现随葬器物，仅 M7 出土骨器 2 件。M7 位于 TN06E08 内，开口于第⑤ b 层下，打破生土。此墓为一座石板墓，方向 274°，平面呈狭长方形，长约 2.32、宽 0.36～0.46、深 0.41

米。四壁用石板拼砌，底部平铺一层石板，未见盖板。墓内填土为致密的褐色沙质黏土。墓葬的构筑方法应是先挖一竖穴土坑，于坑底平铺一层石板后，再用石板拼砌四壁，最后放入尸骨掩埋。人骨保存较差，头向西，仰身直肢葬，经鉴定，墓主为一约 35 岁的男性。随葬器物为 2 件骨饰品。

16 座房址中，10 座为地面式，1 座为半地穴式，另有 5 座仅存柱洞。地面式房址均叠压于第⑤层下，以石块砌筑墙基，方向多为东西向，平面多呈长方形，形制规整，应为同一时期遗存。仅存柱洞的房址均开口于第⑥层下，多由柱洞围成长方形，柱洞平面呈方形或圆形，部分柱洞底部放置石板或扁平的河卵石作柱础。F10 位于 TN03E18、TN04E18 内，开口于第⑥层下。F10 仅存柱洞，为干栏式房屋，平面呈长方形，东西向，东西长 5、南北宽 4.2 米，面积 21 平方米。房址现存方形柱洞 29 个，柱洞分布规律，东西、南北均为 6 排，形成柱网，柱洞边长 0.3～0.36、深 0.18～0.26 米，其中 23 个柱洞底部平放一块石板作为柱础石。

窖藏 1 个，为一陶罐置于圆形坑中。陶罐内出土铜器 19 件，器形有戈、臂甲、杯、剑鞘、盾形饰等，铜器保存状况良好。

灰坑形制多样，尤以数个袋状坑最为特殊。H5 位于 TN05E12 内，开口于第⑥层下，打破生土。坑口距地表约 2.2 米，平面近圆形，直径 2.9～2.98 米，腰部内收，底部外扩，呈袋状，底面平整，散落少量石块，底径 2.7～2.85 米，坑深 1.53 米。坑内填土分 3 层：第①层为灰褐色沙质黏土，掺

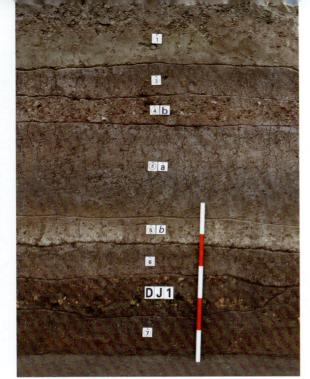

TN01E24 南壁剖面
Section of the Southern Wall of Excavation Grid
TN01E24

M6
Burial M6

M7
Burial M7

杂有灰褐色和黄色土块，土质较疏松，厚 0.7 ～ 0.95 米；第②层为红褐色和黄色花土，土质较疏松，厚 0.45 ～ 0.65 米；第③层平铺于坑底，由草木灰、烧土和炭屑构成，厚 0.13 ～ 0.25 米。H5 出土较多陶片，以夹砂陶为主，泥质陶较少，纹饰有刻划线纹、附加堆纹、网格纹等，另出土石镞、石锛和少量动物骨骼。推测此灰坑曾作为窖穴使用，第①、②层均为灰坑废弃后形成的堆积，第③层可能由人为铺垫用于防潮。

本次发掘出土石器、铜器等共 330 余件，还出土了大量陶片。陶片以夹砂陶为主，泥质陶次之，纹饰以刻划纹、戳印形成的点线纹、附加堆纹和绳纹为主，可辨器形有高领罐、盘口罐、侈口深腹罐、钵等，绝大部分为平底器，新石器时代晚期陶器火候较高。

遗址发掘除严格执行国家《田野考古工作规程》外，还积极开展多学科综合研究、数字考古技术应用。如使用影像三维重建技术获取遗址所有遗迹、遗物的高精度点云及数字制图，对出土的青铜器进行清洗、除锈、缓释、加固等现场保护；对出土人骨进行清洗、测量和初步分析研究并取样；动物骨骼也进行了现场初步鉴定和分析样品取样；对石器进行超声波清洗取样，对残留物进

行提取；现场进行浮选样品的取样和浮选；对地层中的孢粉进行取样。

本次考古工作顺利完成了 5000 平方米的发掘任务，发现了一大批重要遗迹和遗物，其中发现了一个重要的青铜时期窖藏，出土器物明显受昆明夷和滇文化的影响。从配合乌东德水电站建设发掘的数个遗址来看，丙弄丙洪遗址所处的自然环境相对优越，遗址面积较大，保存较好。通过对地层、遗迹和遗物的初步梳理，并与周边其他遗址对比，基本明确了丙弄丙洪遗址的年代为新石器时代晚期和青铜时代，最早可至公元前 4500 年。此外，本次发掘过程中还积极开展多学科合作，运用新技术，更加全面地获取了遗址信息，将为后续的研究提供更多资料。

丙弄丙洪遗址的发现为构建金沙江中游地区新石器时代晚期至青铜时代的考古学序列、复原当时的社会面貌和生业活动提供了丰富的实物资料。同时，该遗址发现的口沿饰附加堆纹的陶侈口深腹罐、石构建筑和石棺墓等遗存在西南山地的其他遗址和墓地亦有发现，这些遗存也为研究古代人群的迁徙路线和"边地半月形文化传播带"提供了新的重要证据。

（供稿：周毅恒　闵锐　车德才）

铜臂甲
Bronze Gardebras

铜剑鞘
Bronze Scabbard

铜戈
Bronze *Ge*-dagger Ax

铜钟
Bronze Bell

铜单耳罐
Bronze Single-
handled Jar

铜杯
Bronze Cup

铜盾形饰
Bronze Shield-
shaped Ornament

石锛
Stone Adze

石凿
Atone Chisel

石镞
Stone Arrowheads

H5
Ash Pit H5

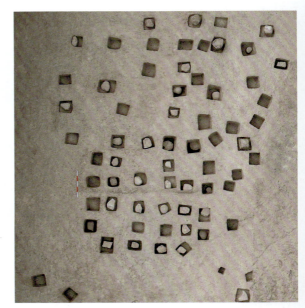

F10（下）、F14（上）
House Foundations F10 (Under) and F14 (Top)

F2、G1
House Foundation F2 and Ditch G1

窖藏铜器出土情况
Bronzes Unearthed from Storage Pit in situ

The Bingnong Binghong site is located on the secondary terrace on the southern bank of the Jinsha River about 450 m northwest of the Binghong Village, Bingnong Village Community, Jiangbian Township, Yuanmou County, Yunnan Province. The Yunnan Provincial Institute of Cultural Relics and Archaeology, with the cooperation of other institutions, conducted rescue excavation to the site from October 2018 to January 2019. Within the 5000 sq m exposed area were unearthed 88 features including 9 burials, 16 house foundations, 1 storage pit, 3 ditches, 33 ash pits, 8 burnt earth deposit, 4 hearths and 14 post holes, together with more than 330 stone and bronze artifacts and a large amount of potshards. The remains can be divided into two stages: the late Neolithic Age stage and the Bronze Age stage. The discoveries are important for the establishment of a chronology of archaeological cultures from the late Neolithic Age to the Bronze Age in the middle Jinsha River valley, as well as the reconstruction of social life and economic activities of these cultures.

宁夏隆德
周家嘴头遗址

ZHOUJIAZUITOU SITE IN LONGDE, NINGXIA

周家嘴头遗址位于宁夏南部隆德县神林乡双村西侧，地处渝河与朱庄河交汇的河嘴地带。隆德县位于六盘山西侧，地形为典型的黄土高原地貌，渝河是隆德县境内流域面积最大的一条河流，发源于六盘山西麓，自东向西流入葫芦河，朱庄河属于渝河南侧的一条支流，在这两条河流两侧的坡地或台地上分布有较多的新石器时代遗址，周家嘴头遗址即位于两河的交汇处。该遗址发现于第二次全国文物普查时，内涵主要以新石器时代遗存为主，也有少量汉代遗存，遗址面积约 10 万平方米，现为宁夏回族自治区重点文物保护单位。周家嘴头遗址发掘项目属于"考古中国：河套地区聚落与社会研究"课题宁夏片区的一个重点发掘项目，2017 ～ 2019 年，宁夏文

物考古研究所对该遗址进行了连续的考古发掘工作，发掘面积 2500 平方米，发现了一批仰韶至龙山时期的文化遗存，考古工作取得了重要收获。

周家嘴头遗址仰韶文化遗存分早、中、晚三期，各期遗存的时代特征明显，其中仰韶早期和中期遗存是首次在宁夏境内发现，其文化面貌分别与大地湾二期和三期接近，这为研究宁夏南部仰韶文化遗存的发展序列及文化内涵提供了新材料。遗址仰韶早期遗存主要为房址，均为长方形半地穴式，个别房址的居住面和墙壁均有火烤的硬面，出土陶器有圜底钵、夹砂罐、彩陶盆等。遗址仰韶中期遗存也以房址为主，居住面和壁面均为火烤硬面，其中发现一座残存面积近 90 平方米的大型房址，出土陶器有钵、彩陶盆、器盖、

F16（仰韶早期）
House Foundation F16 (Early Yangshao Stage)

F13（仰韶中期）
House Foundation F13 (Middle Yangshao Stage)

F2（仰韶晚期）
House Foundation F2 (Late Yangshao Stage)

F20（龙山时期）
House Foundation F20 (Longshan Period)

罐等。从清理的房址来看，周家嘴头遗址仰韶中期的房址和部分陶器的特征继承了仰韶早期的风格，但出土的仰韶早期和中期陶器组合中均不见尖底瓶，这种现象与大地湾等遗址不同。

周家嘴头遗址仰韶晚期遗存最为丰富，主要发现有房址、陶窑、灰坑等遗迹，出土陶器有尖底瓶、平底瓶、钵、罐、盆等，彩陶数量较少，同时还出土较多石器和骨器。从文化遗存特征来看，其文化面貌与大地湾四期遗存接近。此期房址的特征与早、中期差别较大，居住面不见早、中期的火烤硬面，变为白灰面，房址面积均不大。从陶器组合上来看，此期尖底瓶出土数量较多，彩陶数量变少。

周家嘴头遗址发现的龙山时期遗存也相对丰富，其文化面貌与之前发现的隆德沙塘北塬遗址和页河子遗址龙山时期遗存一致，遗迹有房址、灰坑、灰沟、陶窑、墓葬等，出土陶器有单耳罐、双耳罐、小口罐、盆、高领喇叭口罐、斝等，同时还出土较多石器和骨角器。这一类遗存在宁夏南部广泛分布，目前关于其文化性质等没有统一的认识，有学者将这类遗存归入齐家文化。我们通过近年来的考古发现认为，周家嘴头遗址龙山时期遗存与齐家文化有

一定的区别，这种区别直接表现在陶器上，齐家文化带耳陶器耳部较大，器身整体瘦高，空三足器主要为鬲，而周家嘴头遗址龙山时期陶器耳部较小，器形整体矮胖，空三足器主要为斝。从年代上来看，周家嘴头遗址龙山时期遗存年代早于齐家文化。因此，以周家嘴头遗址为代表的一类遗存应与齐家文化遗存相区分，单独命名。

周家嘴头遗址最重要的是发现了大规模的陶窑，目前累计清理陶窑共33座，其中仰韶中期陶窑1座、仰韶晚期陶窑29座、龙山时期陶窑3座。2019年对遗址区进行了全面勘探，又发现陶窑10座，在遗址区调查时还发现被破坏的窑址3座，目前发现的陶窑总数已超过40座。从已发掘清理的陶窑遗存来看，仰韶中期的陶窑为横穴式，形制较为简单，仰韶晚期陶窑发现较多，分布有一定的规律，基本成组出现，窑址周围均有同时期的房址，形制也较为固定，为横穴式升焰窑，窑室内的火道均为三条，即两侧环形火道加中间直向火道，这与秦安大地湾、陇县原子头、宝鸡关桃园等遗址的仰韶晚期陶窑形制一致，窑的直径大小不统一，最小为0.6米，最大为1.5米。周家嘴头遗址集中出现规模较大的仰韶晚期陶窑群，

这在国内其他地区同时期遗址中较为少见，说明此遗址可能为当时的一处陶器生产中心，对研究该遗址仰韶晚期陶器专门化生产及产品分配性质等意义重大。

在发掘的同时，我们仿照清理的仰韶晚期陶窑进行了一系列的陶器烧制实验，对仰韶晚期陶器制作工艺、制陶原料来源、陶器烧成温度、烧制过程及生产效率等方面进行了实验研究。经过多次烧制实验，我们已大致掌握了仰韶晚期陶器烧制的基本过程，了解了烧成温度、制陶原料来源、单窑每次的生产效率等，对于进一步认识周家嘴头遗址仰韶晚期陶器生产的性质具有重要意义。

周家嘴头遗址的发掘，为建立宁夏南部新石器时代文化序列以及研究该区域与周邻地区新石器时代文化遗存的关系、仰韶晚期社会分工和手工业的发展等提供了重要资料。由于发掘面积有限，目前暂未搞清各时期的聚落布局状况，也没有找到与陶窑生产有关的附属设施。2020年将继续对周家嘴头遗址开展小规模的发掘工作，主要寻找与陶窑生产有关的附属设施，同时对该遗址不同时期的聚落布局状况进行更深入的探索。在发掘的同时，还将开展渝河流域的区域系统考古调查工作，通过调查和发掘相结合的方式来研究宁夏南部六盘山西麓地区的新石器时代文化遗存。

（供稿：杨剑　王晓阳　霍耀）

部分陶窑与房址的位置关系（仰韶晚期）
Relationship of Some Kilns and House Foundations (Late Yangshao Stage)

Y1（仰韶晚期）
Kiln Y1 (Late Yangshao Stage)

Y9（仰韶晚期）
Kiln Y9 (Late Yangshao Stage)

Y18（仰韶晚期）
Kiln Y18 (Late Yangshao Stage)

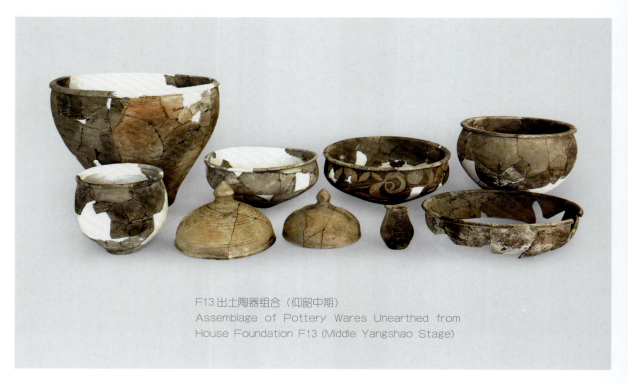

F13 出土陶器组合（仰韶中期）
Assemblage of Pottery Wares Unearthed from
House Foundation F13 (Middle Yangshao Stage)

圜底彩陶盆（仰韶早期）
Color-painted Pottery
Round-bottomed Basin (Early
Yangshao Stage)

圜底彩陶盆（仰韶早期）
Color-painted Pottery
Round-bottomed Basin (Early
Yangshao Stage)

夹砂深腹罐（仰韶早期）
Sandy Pottery Deep-
bellied Jar (Early Yangshao
Stage)

陶尖底瓶（仰韶晚期）
Pottery Point-bottomed
Bottle (Late Yangshao
Stage)

陶缸（仰韶晚期）
Pottery Jug (Late
Yangshao Stage)

陶钵（仰韶晚期）
Pottery *Bo*-bowl (Late
Yangshao Stage)

陶小口罐（龙山时期）
Pottery Small-mouthed
Jar (Longshan Period)

陶双耳罐（龙山时期）
Pottery Double-handled Jar
(Longshan Period)

陶高领罐（龙山时期）
Pottery High-necked Jar
(Longshan Period)

The Zhoujiazuitou site is located to the west of the Shuangcun Village, Shenlin Township, Longde County, Ningxia Hui Nationality Autonomous Region. The Ningxia Institute of Cultural Relics and Archaeology had conducted continuity excavations at the site from 2017 to 2019 as part of the state sponsored project "Archaeology China – Research on the Settlement and Society in the Hetao Region". Totally some 2500 sq m had been exposed and remains of the Yangshao and Longshan Periods unearthed. The Yangshao remains can be divided into three stages–early, middle and late, based on the evident characteristics of pottery wares. The discovery of the kilns of late Yangshao stage is significant for a better understanding of specialization of pottery manufacture and distribution of the final products. The Longshan Period remains is enlightening for the discussion on the origin, development and population movement of the Qijia Culture.

安徽肥西
三官庙遗址二里头时期遗存

SANGUANMIAO SITE OF THE ERLITOU PERIOD IN FEIXI, ANHUI

三官庙遗址位于安徽省合肥市肥西县桃花镇顺和社区西南900米（原三官庙村），地处派河北岸台地之上，南端距派河北岸约50米，地理坐标为北纬31°45′56.59″，东经117°7′47.06″。遗址为台墩型，高出周围地表约5米。台墩底部大，上方内收，原平面应近梯形，北端窄，南端略宽。台墩东北部被晚期取土破坏，现存形状近曲尺形，总面积4000余平方米，上部面积约2500平方米。发掘前地表长有茂密的树林。

为配合工程建设，2018年7月至2019年12月，安徽省文物考古研究所会同肥西县文物管理所对三官庙遗址进行了考古发掘，布10米×10米探方20个、10米×6米探方1个，并在遗址北端、北部东侧、西侧南端、南部东侧开宽1米的探沟共5条，分别长14、9、30、26、9米，共揭露面积2100余平方米。发掘时注意各探方地层之间的控制，对于一些关键的界面进行整体揭露、阶段性展示和记录，针对重点遗迹采取异地搬迁的方案，再将剩余部分全部清理至生土。对遗址周围进行拉网勘探和长探沟发掘相结合的方法，确定无壕沟存在。

通过发掘，已基本厘清遗址的整体结构。遗址最初选在河边一处较高的生土台地上，先整体铺垫一层黄色黏土，局部上方又铺垫浅灰色土，再在遗址边缘堆筑土垣。目前发现的土垣分布在遗址南、北两端，中间部位未相连，最宽处达10余米。遗迹大多位于土垣内侧，上方叠压一层废弃的红烧土堆积，总体呈外高内低的倾斜状。红烧土堆积上方为清代垫土，将遗址内部较低的地方垫至与边缘土垣相平，再在上方建筑寺庙，寺庙毁弃后，最上层建有现代民居。

整个遗址的地层堆积呈南北两端厚、中间薄的特征，主体堆积是清代地层以下的部分。北部土垣堆积最厚处达2米，可分12层；中部堆积厚约0.4米，可分3～4层；南部堆积平均厚约1米，局部可厚达2.5米，其中高出地表部分约1米，最多可分9层。

遗迹除南北两处土垣外，还包括房址4座、灰坑38个、灰层7处、灰沟7条、坑5个、柱洞77个，另有螺蛳壳堆积、器物组、植物颗粒遗存等。

房址保存较好的有2座。F2位于遗址北部，残存烧土墙面和地面，由屋内居住空间、屋外储物及活动空间、南部黄土隔墙三部分组成，屋内发现三具不完整的人骨，屋内墙角及屋外放置数

遗址东南侧土垣
Earth Wall to the Southeast of the Site

F2（东南—西北）
House Foundation F2 (SE-NW)

处陶器，位置清晰。F3 位于遗址南部，为一平面呈长方形、两至三开间的排房，保存有红烧土地面和部分墙壁，局部墙壁可见土坯砖的痕迹。

灰坑平面多呈椭圆形或不规则形，少量坑内有完整器物出土，坑内填土与上方的废弃红烧土层一致。

F3 屋外的地面上发现有数处成组放置的陶器及两处平铺的植物颗粒遗存，地面上还分散留存以兵器为主的铜器 10 余件，这些遗存均叠压在废弃的红烧土之下。

本次发掘共出土小件遗物 400 余件，包括石器、陶器、铜器、玉器、骨蚌器及绿松石等。石器以锛、凿为主，也有少量钺、斧，共 200 余件。陶器中，纺轮数量最多，近 100 件，另有鼎、鬲、豆、罐、爵、鬶、斝、盆、甑、大口缸、甗等，以夹砂陶为主，少量为泥质陶。陶器根据陶色可分为红陶、褐陶、灰陶等，器表多饰绳纹，鼎足根部两侧有按窝，盆和甑均有鸡冠状双鋬，缸外壁饰附加堆纹。铜器以兵器为主，共 18 件，器形有戈、钺、戚、凿、角形器、铃、牌饰、镞等。此外，还发现有骨锥、蚌刀、玉饰件、绿松石串饰残件等。

从三官庙遗址出土陶器的形制来看，少量器形如圆腹罐及鸡冠鋬盆、甑等可对应二里头二期，但其他器形如鬶、斝、爵等，表现出了较晚的风格，结合目前已有的少量 ^{14}C 测年结果，我们认为该遗址的主体年代应在二里头四期为宜。三官庙遗址陶器群的本地特征较为明显，但仍可看到较多的二里头文化因素；铜器的制作工艺似已超出既往认识中的同时代水平，其中宽刃多孔钺、角形器等较为罕见，表现出风格上的多样化来源。

安徽中部江淮地区夏时期的考古学文化，一直以王迅先生提出的"斗鸡台文化"来命名。此前各个遗址点的发现都较为零散，近年安徽省在该区域内开展了大量工作，发现了这一时期较多的相关堆积和遗存，使得江淮地区夏时期考古学文化的面貌日渐清晰。而三官庙遗址的发掘，揭示出迄今为止堆积最为典型、遗存最为丰富、年代最为明确的一个重要地点。其中陶器器形表现出的浓厚区域特征，很可能代表了一支新的地方性考古学文化。这一发现，对于完善安徽中部江淮地区夏时期考古学文化的认识具有重要意义。

以往安徽省发现最早的青铜器，是相当于二里头时期的铃、斝等，出土地点在肥西县附近，距三官庙遗址仅数公里。此次发现的一批铜器，是安徽省首次经考古发掘出土的夏代铜器群。同时，三官庙遗址也是全国范围内除二里头遗址外发现这一时期铜器最多的地点，更是中国考古学历史上单次发掘出土夏商之际青铜器数量最多的一次。该遗址不仅在整个江淮地区同时期聚落中尤为重要，在全国夏时期各个地方性遗址中的地位也格外突出。

三官庙遗址房址内的人骨和原地摆放的生活用具、房址外地面上成组堆放的陶器、平铺于地面的植物颗粒遗存，反映出一个较为清晰的社会场景。遗址内还出土有 18 件以兵器为主、其中数件发生形变的青铜器，这组青铜器既非墓葬亦非窖穴的埋藏形式，全国罕见。这些生活场景和青铜器同时被一层废弃的红烧土所覆盖，其堆积特征反映出该遗址毁弃过程的突然性和灾难性。而遗址聚落本身的规模以及陶器所反映的社会层次，与遗址中出土的一批高等级铜器远远无法匹配，其背后隐藏的事件以及这一事件与文献所记载的历史背景之间的关系，还有待进一步研究。

（供稿：秦让平　陈小春　张永新）

F3（北一南）
House Foundation F3 (N-S)

H26
Ash Pit H26

器物组 1
Several Pottery Wares Found on the Groud in situ

植物颗粒遗存
Remain of Grains

陶鼎
Pottery *Ding*-tripods

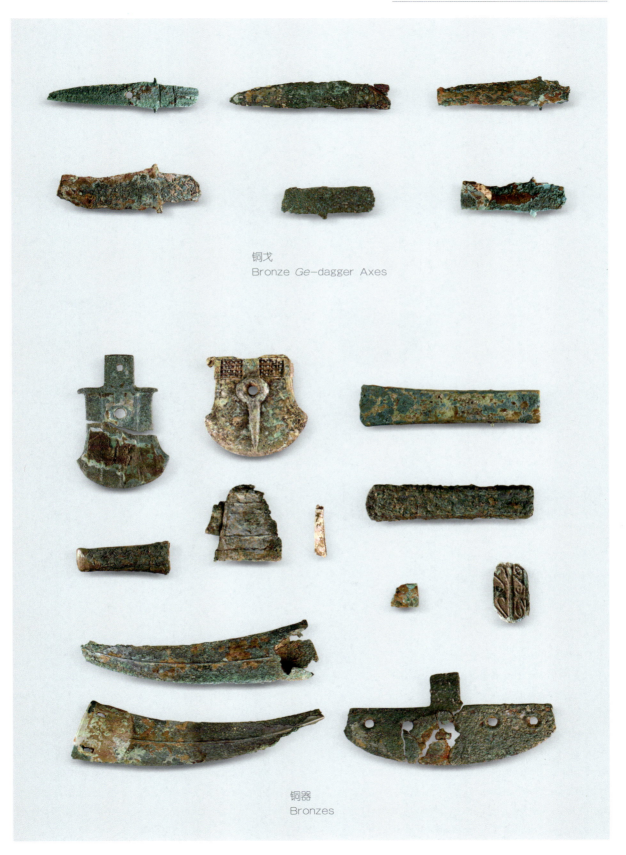

铜戈
Bronze *Ge*–dagger Axes

铜器
Bronzes

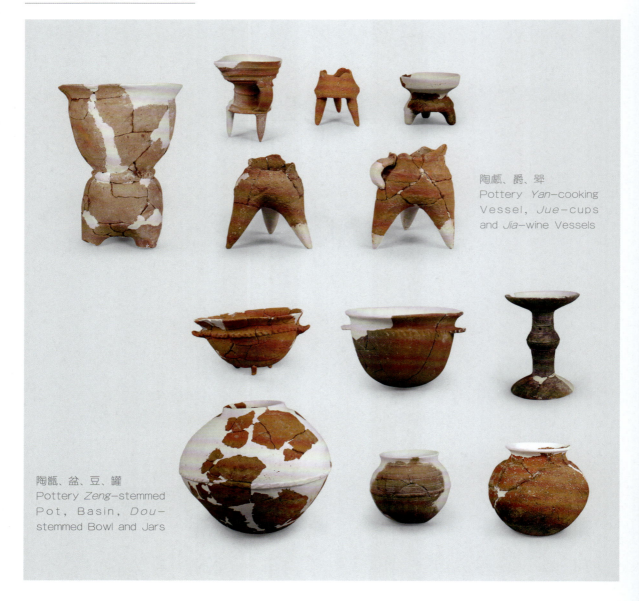

陶甗、爵、斝
Pottery *Yan*-cooking Vessel, *Jue*-cups and *Jia*-wine Vessels

陶甑、盆、豆、罐
Pottery *Zeng*-stemmed Pot, Basin, *Dou*-stemmed Bowl and Jars

In 2018-2019, the Anhui Provincial Institute of Cultural Relics and Archaeology conducted excavation at the Sanguanmiao site located at the Feixi County, Anhui Province, and exposed an area of 2100 sq m. Totally more than 130 features had been unearthed including house foundations, ash pits, post holes, ash deposits and shell deposits, together with potterys, stone implements, bronzes, jades, bone and shell implements and turquoise objects. The 18 bronze objects are mainly weapons – the largest discovery outside the capital site Erlitou Site in central Henan, possibly the capital of Xia, the first dynasty of China recorded in ancient text. The date of the remains contemporary with late Erlitou Period. The site by present is the most typical, best preserved Xia Period site with clear date in the area between the Huai River valley and the Yangtze River valley. The pottery with clear local characteristics is important for the better understanding of local cultures in this areas during the Xia Period.

河南偃师商城遗址
2019 年发掘收获

EXCAVATION RESULTS OF THE SHANG WALLED SITE IN YANSHI, HENAN IN 2019

偃师商城遗址自 1983 年发现以来，考古工作持续进行，陆续有大城的解剖、小城的发现和宫殿区的全部揭露，为"夏商周断代工程"的开展和早期国家形成的研究奠定了基础，研究者多认为该遗址是二里岗文化（或早商）时期具有都邑特征的城址，部分研究者将小城的始建时间视作夏商王朝更替的界标。

自 2018 年以来，偃师商城遗址的工作重心转移至小城范围，希望借助聚落考古和社会考古的相关理念，通过系统钻探和重点发掘来探讨以小城为中心的偃师商城遗址的聚落变迁与偃师商城遗址所处时代的整体社会状况，借此深化对偃师商城遗址的认识，同时也为遗址下一步的保护和利用打好基础。

2019 年 2 ～ 12 月，在上述理念和思路的指导下，中国社会科学院考古研究所河南第二工作队（偃师商城考古队）首先选取小城西北部及临近区域约 16 万平方米的范围进行了普探，并对偃师商城西城墙及穿城而过的"阳渠"沿线进行了卡探。勘探中，在偃师商城西城墙南段发现了穿城而过的石砌水渠 1 条，同时还发现了引水入城的水源——偃师商城西城墙外 200 米处的南北向古河道；在偃师商城小城西北部半闭合区域内发现了较为明确的夯土基址 23 座。

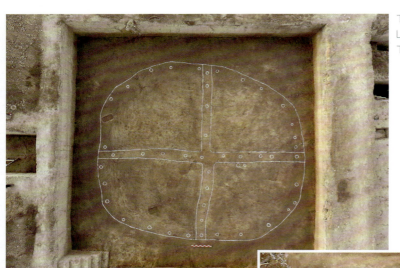

T17F2 晚期建筑基址（上为南）
Late Period of Building Foundation
T17F2 (Top is South)

T14F1（上为北）
Building Foundation T14F1
(Top is North)

　　2019 年 9 月始，为详细了解勘探发现的夯土基址的具体形制、年代、存续时间等，对小城西北部的两个地点即东北角与西北角的 3 座建筑基址进行了发掘，完整揭露了其中 2 座圆形建筑基址（T14F1、T17F2），局部解剖了西北部第二列最北侧的 1 座圆形建筑基址（T18F3）。在解剖过程中还发现了城墙两侧的道路和分布于道路上的 12 座墓葬。

　　T14F1 为建筑基址群中东北角的一座，边缘东距小城北墙南折段西缘约 10 米，北距小城北墙南缘约 11 米。基址表面夯土近圆形，东西径 8.3、南北径 8 米。现存台基面比基槽口高约 0.15 米，现存夯土总厚 0.55 ～ 0.7，局部厚约 1 米。基址多建于生土之上，部分地段下有二里头文化时期灰坑。建筑过程中首先将规划区域内早期灰土清理，然后在坑内填平夯实。生土区域则挖出基槽，在基槽内填土逐层夯实。基槽口宽于台基边缘 0.2 ～ 0.65 米。基槽内为红褐色夯土，夯层厚 0.08 ～ 0.12 米。夯窝不甚清晰，直径 3.5 ～ 4.5、深 1 厘米。台基夯土上部夯筑质量较差，下部基槽内夯筑质量稍好。在夯土基址表面发现有 40 余个小型柱洞，分布无规律，直径 0.08 ～ 0.14、深 0.1 ～ 0.35 米。在基址中心处发现有一较大柱洞，周围见有柱坑。柱洞直径 0.23 米，内填红褐色土，土质较疏松，见有木灰痕迹。柱坑呈圆形，直径约 0.37 米，内填红褐色土。该基址为一次构建，基址表面柱洞不规则，使用期内可能存在修缮和加固等行为。根据层位关系和相关遗物分析，该基址的始建年代不晚于偃师商城第 3 段（二里岗文化下层时期）。

T17F2 为建筑基址群中西北角的一座，西部隔南北向道路距大城西墙基槽东缘 11.6 米，北距小城北墙基槽南缘 11.5 米。从解剖情况看，该基址建筑存在早、晚两期的遗迹，上部夯土为晚期建筑所留，下部夯土为早期建筑所留。早晚两期遗存均由地表台基夯土和基础的基槽夯土两部分构成，总厚约 1.85 米。

晚期建筑基址形制相对清晰，基址表面近圆形，东西径 10.2、南北径 9.3 米，总厚 0.7～1 米。基槽以上部分为夯筑成型，夯筑质量稍差，夯土呈红褐色，夹青黑色生土块，残高 0.3～0.4 米。夯层较为明显，层厚 0.08～0.11 米。夯窝不甚清晰，直径 3.5～4.5、深 1 厘米。基址表面发现有垂直交叉的"十"字形沟槽，宽 0.45～0.57、深 0.5～0.9 米。槽内填土为黄红土，夹有夯土块，夯层较厚，夯打质量较差，层厚 0.15～0.25 米。沟槽中心有一个较大柱洞，直径 0.27 米，填土较虚。向外辐射的每道沟槽中均发现有 5 个间距 0.6～1 米的小柱洞，直径 0.08～0.14、深 0.5～0.7 米，洞内填土为黄褐色，土质较疏松。在台基边缘内侧 0.1～0.3 米处发现有一周小型柱洞，共 28 个。基址表面沟槽之间的夯土面上也发现有若干小柱洞，分布无规律，直径 0.08～0.14、深 0.1～0.3 米。基槽口部近圆形，直径 10.5～11.7、较台基部分宽 0.55～0.75 米，夯筑成型，夯筑质量较好。根据层位关系及相关遗物看，该层建筑基址的始建年代不晚于偃师商城第 5 段（二里岗文化上层时期）。

早期建筑基址上部被晚期基址基槽打破，整体形制不甚清晰，局部厚 1.45 米。根据解剖情况来看，基址中心处也发现有一较大柱洞，未见柱坑。柱洞直径 0.32～0.35、深约 0.5 米，内填红褐色土，土质较疏松。基槽口部直径 13.3～14.2 米。槽内夯土为红褐色，上部质量稍差，夯层较厚，层厚 0.15～0.25 米；下部质量较好，夯层清晰，夯层稍薄，层厚 0.06～0.1 米。在基槽口缘内侧约 1 米处，发现有沟状柱坑，内有柱洞，下有柱础石。柱坑内填红褐色土，长度不详，

T14F1 解剖（东—西）
Section of the Building Foundation T14F1 (E-W)

T17F2 早期建筑基址（北—南）
Early Period of Building Foundation T17F2 （N-S）

M6（上为北）
Burial M6 (Top is North)

M8（上为南）
Burial M8 (Top is South)

M12（上为南）
Burial M12 (Top is South)

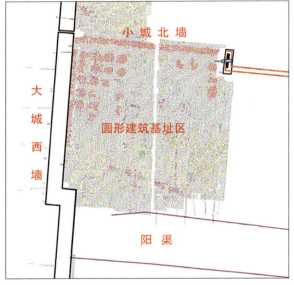

圆形建筑基址群分布示意图（上为北）
Distribution of the Round Building Foundations (Top is North)

宽 0.3 ~ 0.5 米，有夯筑痕迹，夯层清晰，层厚 0.1 ~ 0.13 米。柱洞直径约 0.1、深 0.45 ~ 0.6 米。根据层位关系及相关遗物看，该层建筑基址的始建年代不晚于偃师商城第 3 段（二里岗文化下层时期）。

此外对距 T17F2 东侧 5.5 米处的 T18F3 也进行了局部发掘和解剖，其形制、结构与 T17F2 较为相似，该基址至少有两期遗存，年代可能与其西侧 T17F2 一样。

除了建筑基址以外，本年度在发掘区内还清理了 11 座二里岗文化时期的墓葬，其中 4 座（编号 M6 ~ M9）相对集中分布于东部发掘区内小城城墙内侧，7 座（编号 M10 ~ M16）集中分布于西部发掘区内小城城墙的南北两侧和大城西城墙东侧。东部发掘区内发现的墓葬均为长方形竖穴土坑墓，深浅不一。随葬器物以打碎的陶器为主，个别墓葬见有玉石器，其中 M8 出土玉璜 1 件，M6 和 M9 各出土石柄形饰 1 件。西部发掘区内清理的墓葬均为长方形竖穴土坑墓，深浅不一，两座随葬有铜容器和少量玉器。其中，M12 出土二里岗下层时期青铜爵 1 件；M15 出土青铜觚、爵、斝各 1 件，墓葬近底部见有玉璧 1 件，腰坑内出土石铲 2 件。

根据本次发掘情况，并结合其他遗址的相关发现与研究，推测这些圆形建筑基址应为先秦时期的仓储设施——囷仓，该区域应为偃师商城重要的功能区——仓储区，这一发现填补了以往对小城西北部区域认知上的空白。

本次水系与水道的发现，为了解都邑型遗址水资源的利用和管理及偃师商城布局的变迁提供了线索。新发现的铜容器墓在商城遗址发掘中较为少见，铜觚为偃师商城遗址以往发掘所不见，这批墓葬资料为偃师商城存续时间的探讨、二里岗文化时期丧葬习俗和社会状况的研究提供了重要资料。而新发现的仓储区及仓储设施是目前所知的唯一可以确认的、年代最早的国家级粮仓，对于先秦时期农业生产和粮食收储与管理等问题的探讨意义重大。

（供稿：陈国梁　曹慧奇　谷飞）

铜爵
Bronze *Jue*-cup

铜觚
Bronze *Gu*-goblet

铜爵
Bronze *Jue*-cup

铜斝
Bronze *Jia*-wine Jar

玉璜
Jade *Huang* Semi-disc

玉璧
Jade *Bi*-disc

石柄形饰
Stone Handle-shaped Ornament

石铲
Stone Spade

The Second Working Team in Henan of the Institute of Archaeology, Chinese Academy of Social Sciences started the new systematic coring and several excavations from the February 2019. The coring found a stone made ditch starting from an ancient river course 200 m outside the western wall and going through the whole walled area. Besides, 23 rammed earth foundations were also recognized in the northwestern part of the small walled area. Following excavations demonstrate that they are all round rammed earth foundations of certain buildings, 8-12 m in diameters, 0.7 to 2 m underground and 0.4 to 1.4 m in thickness. Some foundations contain the reamains of two periods. It seems that they might have been the building foundations of granaries of the Erligang Culture, indication this area was the important storage area of this walled settlement.

新疆尼勒克吉仁台沟口遗址
2019 年发掘收获

EXCAVATION RESULTS OF THE JIRENTAIGOUKOU SITE IN NILKA, XINJIANG IN 2019

吉仁台沟口遗址位于新疆伊犁哈萨克自治州尼勒克县科克浩特浩尔蒙古族乡恰勒格尔村东，地处喀什河北岸吉仁台峡谷谷口二级台地上，是一处由居住区和高台遗存组成的青铜时代晚期大型聚落遗址。2015、2016、2018 年对该遗址进行的考古调查、勘探和发掘工作，已取得了一系列重要成果。2019 年 6～10 月，新疆文物考古研究所与中国人民大学历史学院考古文博系联合对吉仁台沟口遗址的高台遗存进行了考古发掘，确认高台遗存是一座大型墓葬。

高台遗存位于吉仁台沟口遗址南部，北距居住区约 1 公里，地处喀什河沟口要冲，依山面水，东距喀什河仅 200 余米。此遗存因现代人类活动而受到较严重破坏，尤其是 315 号省道横穿遗存，将其破坏成南北两部分。2018 年曾对高台遗存进行过小规模试掘，显示其为一大型方形石构建筑，四周有加工整齐、大小不一的长方形石板垒砌而成的石围墙，边长 120 米，方向 3°。2019 年发掘区位于该遗存的东北部及中部，揭露面积约 1500 平方米，清理遗迹除东北部揭露的北部、东部石围墙各 1 段外，主要为垒砌于坟丘表面的石条带及中部被严重盗扰的主墓室。

2019 年发掘区航拍
Aerial Photograph of the Area Excavated in 2019

58

墓葬东北区发掘情况
Excavation in the Northeastern Area of the Tomb

2019 年揭露的石围墙，东墙残长 13.4、墙宽 0.3～0.8、残高 0.7～1.1 米，其南部因遭破坏残缺，显露内部土石堆积。北墙揭露 37.4、墙宽 0.4～0.8、残高约 0.7 米。墙体由层层石板交错垒砌，残存 1～9 层，外侧规整平直，内侧参差不齐，石板之间没有填充物和黏合剂。从墙外坍塌的石板数量推测墙体原高不超过 2 米。墙体外侧用采自附近的红土铺垫，宽约 3 米，呈斜坡状。

在高台东北部所布探方中清理出石条带 17 条。石条带均位于表层土下，呈东北—西南向。石条带系用较小的角砾石或卵石垒砌 3～4 层，宽 0.15～1 米，底部稍宽，高 0.1～0.3 米。大部分石条带间距 0.5～2 米，最宽的一处间距约 7 米。少数石条带之间有石堆或西北—东南向短石条带相连，形成小方格。条带之间主要是填土，个别以不同石质加以区别，如山上采集的碎小角砾石、河岸采集的小卵石、细沙砾等，甚至用不同颜色石块加以区分。整体上看，石条带向高台中心（即墓室）汇聚，也可以说由高台中心向周边辐射扩散，类似太阳光芒。

主墓室位于高台正中心，发掘工作主要是清理多次盗掘扰乱堆积，通过发掘大致可以判断主墓室经过三次大规模的盗扰，尤其是墓室西部和南部。

陶罐
Pottery Jar

石杵
Stone Pestle

饼形石器
Stone Pie-shaped Object

墓葬东部剖面（局部）
Section of the Eastern Part of the Tomb (Part)

墓葬北部石围墙（局部）
Stone Surrounding Wall to the North of the Tomb (Part)

　　主墓室为半地穴式，平面近"甲"字形。营建方式为在深1.4米的竖穴土坑中以打琢平整的石板砌筑石室，大致呈方形，墓室顶部已不存（推测是原木构筑的顶部），四壁及墓道两壁受到不同程度的破坏，东墙长6.8、南墙长5.35、西墙长6.75、北墙长5.5米，墙体残高2.54米。墓室四壁底部留有生土二层台，二层台上有柱洞分布。西壁中部与宽约1.6米的斜坡墓道相接（石板砌筑，方向263°）。墓室内全为扰土，夹杂大量卵石、山石、石板和少量陶片、兽骨、人骨、木头，无完整器物出土。墓室外周在生土上用红胶泥土筑成略高于墓室的圆形土墙，再在外面用

石块堆筑成高达3米的圆角方形石围墙，类似中原地区的三重椁。

　　遗物出土较少，主要是陶片和石器，陶片大多为素面，少量装饰有暗弦纹、填平行斜线的倒三角纹、圆圈纹、指甲纹和刻划符号等。在墓室顶部外侧东南角出土一件完整陶器，侈口、束颈、折肩、斜腹、平底。石器中，饼形器占绝大多数，有少量石锤和研磨器。另有铜锥、铜凿、铜针等小件铜器。

　　本次高台遗存的发掘工作，虽然揭露面积有限，主墓室遭到多次严重盗扰，但基本明确了高台遗存的性质、结构和具体年代，对于研究欧亚

草原青铜时代晚期的墓葬形制、丧葬思想、社会结构和生业经济等方面具有重大意义。

经过发掘，确认高台遗存是一处大型方形覆斗状墓葬，主要由地上高台坟冢和半地下墓室两部分构成。地上高台坟冢为面积近1.5万平方米的正方形，边缘高1.5~2、中心高约4.5米。高台四周有石砌围墙，墙内从地表至顶部有多层多条石条带汇聚至中心墓室外围。中心由半地下墓室和包裹墓室的土、石墙构成。此高台遗存是目前在新疆乃至欧亚草原发现的史前时期面积最大、规格最高、保存最完整的石构墓葬建筑遗存。

墓室及封土内出土兽骨和人骨的测年数据显示，墓葬年代约为距今3500年，出土的陶罐、饼形石器、螺旋状石杵以及陶器纹饰与吉仁台沟口遗址一期文化内涵一致，结合吉仁台沟口遗址发现的近400平方米的宫殿式房屋，可以初步确定，吉仁台沟口遗址区应是当时伊犁河流域的中心聚落。体量巨大的工程，结构特殊的墓葬形制，彰显了墓主的至高地位，应是王陵级别的早期畜牧人群墓葬，其和众所周知的图瓦阿尔然王陵面积相当，但比后者要早六七百年，这对于重新认识欧亚草原的社会发展进程有极为重大的意义。

大型墓葬的发现，说明伊犁河上游青铜时代晚期出现了明确的社会阶层分化。伊犁河上游青

主墓室南墙
Southern Wall of the Main Chamber

主墓室北墙
Northern Wall of the Main Chamber

主墓室东墙及柱洞
Eastern Wall and Post Holes of the Main Chamber

主墓室墓道
Passage to the Main Chamber

主墓室
Main Chamber

主墓室东北角红胶泥土墙
Red Clay Wall at the Northeastern Corner of the Main Chamber

铜时代晚期墓葬形制有竖穴石室木椁墓、竖穴土坑木椁墓、竖穴土坑墓和竖穴石棺墓等类型。根据墓葬规模、结构、殉人及随葬器物情况可将这一时期墓葬分为三个明显等级：第一类以吉仁台沟口遗址"高台遗存"为代表，规模最大，结构最为复杂，属于最高等级王陵墓葬；第二类形制类似吉仁台沟口遗址大墓，使用木椁，部分有石室和墓道，石室墓的规模较大，其构筑结构仿照大型居址的结构形制，个别还有殉人，但规模略小，体现了墓主具有较高的身份地位，应属于贵族或者富裕阶层的墓葬；第三类为竖穴土坑墓和小型竖穴石棺墓，规模均较小，随葬器物较少，等级最低，应属于普通人群一般墓葬。

另外，高台遗存体现了非常突出的太阳崇拜观念，偌大的高台，无数条石条带从中心墓室向四周辐射。墓室底部铺红土、墓室外围用红土包裹、高台外围铺垫红土面，这些"尚红"现象也可能与太阳崇拜有关。这对于研究青铜时代中晚期草原畜牧人群的丧葬思想具有极为重要的价值。

（供稿：阮秋荣　关巴）

墓葬表面石条带（局部）
Stone Belts on the Surface of the Tomb (Part)

主墓室及周边石条带
Main Chamber and Surrounding Stone Belts

The Jirentaigoukou site is located east of the Qialege'er Village, Kekehaotehaoer Mongolian Nationality Town, Nilka County, Kazak Autonomous Prefecture of Ili, Xinjiang. It is a late Bronze Age large settlement consistiong of a residencial area and a high platform. The cooperative team of the Xinjiang Institute of Cultural Relics and Archaeology and the Renmin University of China conducted excavation from June to October 2019 in the platform and demonstrate that it is a mound of a tomb of a local king or noble. Under the mound were found a semi-subterranean stone chamber. This stone chamber tomb is by present the largest in size, highest in status and most complete one in prehistoric Xinjiang and even the Eurasia steppe area. The discovery is important for the researches on tomb structures, burial ritual and social structure of the late Bronze Age in the Eurasia steppe area.

浙江衢州
庙山尖西周土墩墓

MIAOSHANJIAN MOUND TOMB OF THE WESTERN ZHOU DYNASTY IN QUZHOU, ZHEJIANG

衢地区位于浙江西南部，介于千里岗山脉、仙霞岭山脉、金华山脉和大盘山脉之间，为一处四面环山的盆地，处于浙闽赣皖四省交接处。这一地区是研究浙、闽、赣、皖南先秦考古学文化交流融合的重点区域。

庙山尖土墩墓位于浙江省衢州市衢江区云溪乡棠陵邵村，地处庙山山顶，其东北面紧邻衢江支流铜山溪。因墓葬被盗，经国家文物局批准，2018年3月起，浙江省文物考古研究所会同衢江区文化广电新闻出版局对庙山尖土墩墓进行了抢救性发掘，2018年7月，野外考古工作完成，同时对部分出土器物进行了装箱套取，并委托中国社会科学院考古研究所编制《衢江区庙山尖土墩墓出土文物保护实施方案》。2018年9月，将装箱套取的青铜器、玉器等脆弱器物送至中国社会科学院考古研究所进行实验室考古清理，采用多种方法进行信息采集。2019年8月，实验室考古清理结束。

庙山尖土墩墓为熟土堆筑的"甲"字形浅坑木椁墓。封土平面呈椭圆形，顶部近平，底径东西长约37、南北宽约25、残高3.4米。封土土质分红褐色土、夹碎石黄土、夹白膏泥斑土3种，分层堆积，没有明显的夯层和夯窝。墓坑总长14.5、深约0.3米，分前、后两室，前室坑底略低于后室，前后室相接处有纵向的小排水沟，前室与墓道相接处下凹形成横向的排水沟。墓坑底部铺满鹅卵石，东、南、北三面坑壁由鹅卵石垒砌，坑壁向外为斜坡状，局部平铺鹅卵石。墓道向西，长8.25、宽3、深0.45～0.9米。木椁已腐烂无存，根据墓室外铺的木炭层推测，木椁为两面坡的"人"字形结构。木椁分前、后两室，前室长3.5、宽4.9米，后室长10.8、宽6.2米。

此墓虽多次被盗，但仍出土大量随葬器物，主要为青铜器、玉石器，另有少量印纹硬陶器和原始瓷器。

青铜器包括兵器、工具、车马器等。兵器主要有剑、戈、镞等。工具仅有刀、削两类。车马器是青铜器中的主要器类，共出土677件，包括马镳、马衔、当卢、带扣、节约、龙首钩形器、大中小型泡、车軎、管饰等，分为8套。从青铜车马器出土情况分析，在车马器周边或有木箱痕迹，推测8套马具下葬前分别装于两个木箱内，分置两处。每箱均有4套马具，其中一箱马具摆放有序，组合较为清晰，每套马具由马镳、马衔、当卢、带扣、节约及大中小型泡组成。马镳分长方形和圆形两种，每箱马具均有长方形和圆形马镳各2套。

玉石器以玉玦为主，此外有玉管、玉璧、玉珠和玦形挂饰等。玉玦成组出现，其中两组玉玦位于墓室中部，两者间隔约0.2米，每组玉玦均大小摆放有序，其中一组为51件，另外一组为43件，推测为墓主的耳饰，可能与玉殓葬有关。

陶瓷器出土较少，仅见原始瓷筒形罐、豆及印纹硬陶瓿等。

"人"字形木椁（西—东）
Upsidedown V-shaped Wooden Chamber (W-E)

墓室东部随葬器物分布情况（西—东）
Grave Goods in the Eastern Part of the Chamber (W-E)

墓葬底部（西—东）
Bottom of the Tomb (W-E)

　　关于墓葬的年代。原始瓷筒形罐为圜底、圈足，厚胎薄釉；原始瓷豆为喇叭形高圈足，豆盘内壁刻划弦纹和梳篦纹，厚胎薄釉；印纹硬陶瓿为大平底，外壁拍印粗壮的折线纹。以上器物的形制、纹饰和釉色均具有西周早中期的特点。长方形马衔常见于商晚周初，在安阳小屯、殷墟西区、张家坡西周墓地、武官村北地、琉璃河燕国墓地均有出土。圆形马衔主要出土于琉璃河、曲村、张家坡、洛阳北窑等西周早中期墓葬或车马坑中。此外，出土的青铜戈、镞、剑及玉玦等的形制具有西周早中期特点。由此，庙山尖土墩墓的年代应为西周早中期。

　　关于墓葬性质。庙山尖土墩墓规模宏大，结构复杂，随葬器物丰富，出土了较多的青铜器、玉器和部分陶瓷器，是西周时期江南地区规模最大、等级较高的墓葬。《今本竹书纪年》载，周成王二十四年"于越来宾"。《逸周书·王会解》载，成王二十五年，王城既成，大会诸侯及四夷，"于越纳，姑妹珍"。《路史·国名纪》载，"姑蔑，一曰姑妹，大末也"。大末即今衢州龙游地区。庙山尖土墩墓墓葬形制和出土器物具有吴越风格，应为越系贵族墓葬，但又与目前典型越国墓葬的形制、随葬器物有别。结合出土器物及文献记载，其墓主国属不排除为姑蔑国的可能，此墓或为姑蔑国高等级贵族墓葬。从目前资料来看，西周早期，浙西北地区与金衢地区两地礼器组合的差异明显，表明这两个地区是两个并行发展的政治中心，可能分属于越和姑蔑。

铜车马器出土情况
Bronze Chariot Parts and Harness in situ

铜车马器出土情况
Bronze Chariot Parts and Harness in situ

铜龙首钩形器出土情况
Bronze Dragon Head Hook-shaped Object in situ

铜泡出土情况
Bronze Bubbles in situ

铜泡出土情况
Bronze Bubbles in situ

圆形铜马镳出土情况
Bronze Round Bit End in situ

　　庙山尖土墩墓规模巨大，是浙江地区迄今已发现的西周早中期规模最大、等级最高的土墩墓，墓葬形制与出土器物罕见且极具特色，是百越文化考古中最重要的发现之一。其两面坡"人"字形的木椁在目前国内发现的同类资料中年代最早，具有重要的时代意义，为进一步认识越人葬俗以及百越文化的比较研究等提供了重要资料。随葬的大量青铜车马器具有与中原地区不同的风格面貌，表现出明显的本土特色，对研究南方地区青铜铸造技术和工艺、区域特色及其与中原和周边地区青铜文化的关系具有重要价值。

　　金衢盆地是浙江地区商周时期遗存埋藏最丰富的地区之一，庙山尖土墩墓周边还有大量同时期的土墩墓及聚落遗址。今后，该区域的工作重点应以衢江庙山尖西周大型土墩墓的发掘为契机，开展金衢地区土墩墓、聚落遗址及相关手工业遗存的调查勘探与发掘，研究金衢地区先秦文化遗存的分布和文化面貌，建立金衢地区先秦时期考古学文化谱系，并探讨浙江先秦考古学文化多元一体格局及闽、浙、赣、皖南屯溪地区先秦考古学文化的互动交流。

　　　　　　（供稿：黄昊德　王海明　余金玲　张森）

印纹硬陶罐出土情况
Stamped Hard Pottery Jar in situ

铜戈出土情况
Bronze *Ge*-dagger Ax in situ

铜剑出土情况
Bronze Sward in situ

铜剑剑格
Bronze Sword Cross Guard

铜镞出土情况
Bronze Arrowheads in situ

玉玦出土情况
Jade *Jue*-earrings in situ

The Miaoshanjian mound tomb is located at the Tanglingshao Village, Yunxi Township, Qujiang District, Quzhou City, Zhejiang Province. The Zhejiang Provincial Institute of Cultural Relics and Archaeology and other institutions conducted rescue excavation from March to July 2018. The specialists from the Institute of Archaeology, Chinese Academy of Social Sciences made a lab-excavation of the fragile remains taking from the site from September 2018 to August 2019. Under the mound, was found a "甲"-shaped pit within which was a wooden chamber with a upsidedown V-shaped roof. A large number of grave goods were unearthed, mainly bronze and jade objects, together with a small number of stamped hard pottery wares and proto-porcelain wares. The bronze objects are mainly chariot and harness parts with some weapons and tools. The jade objects are mainly *jue*-earrings. According the characteristics of the artifacts, the occupant of the tomb might be a high level noble of the early and middle Western Zhou Dynasty, probably a member of the royal family of the local Gumie State record in ancient texts.

山西闻喜

邱家庄东周墓地

QIUJIAZHUANG CEMETERY OF THE EASTERN ZHOU PERIOD IN WENXI, SHANXI

邱家庄墓地位于山西省运城市闻喜县桐城镇邱家庄村北约100米的鸣条岗东端，西邻涑水河，距离县城约2公里。该墓地为第六批全国重点文物保护单位"上郭城址和邱家庄墓群"的一部分，南距上郭古城约1.4公里。1974年以来，该遗址群陆续出土了"陈信父"壶、"董矩"甗、"荀侯"匜、"刖人守囿"挽车等大量珍贵文物。根据以往考古勘探和发掘结果判断，邱家庄墓地为东周时期的一处大型墓地。

20世纪90年代初以来，该墓地被盗掘严重。2018年，山西省考古研究院组织人员对该墓地进行考古勘探。因墓地面积甚大，故计划重点勘探面积约50万平方米，并将勘探范围分为六个区域进行。勘探方式以1米为间距平行布孔进行普探，如发现疑似现象，对探孔进行加密勘探。

2018年8月至2019年6月，完成勘探面积约12.4万平方米，发现各时期古墓葬850座，此外还有车马坑51座、窑址3座、夯土区9处、夯土台基5座、扰土坑27个、石块堆积区2处、夯土陶片遗迹区5处，各类遗迹现象共计952处，遗迹现象面积占勘探面积的比例约为17%。最新勘探结果表明，邱家庄墓地至少有5组大型墓葬，每组墓葬由两座或三座墓葬组成，靠东的三组墓葬东西排列，靠西的两组墓葬南北排列，这可能是时代或文化属性方面的差异造成的。

经勘探确认，邱家庄村北有一座大型墓葬（编号M5001）。鉴于墓葬面积大，同时面临再次被盗掘的风险，为抢救和保护该墓葬及其周边文化遗存，经国家文物局批准，山西省考古研究院对此墓进行了全面发掘揭露。

依据勘探结果，布10米×10米探方15个，东西5列，南北3排，发掘面积1500平方米。表土揭露后，发现墓葬上方有夯土建筑基址及由板瓦和筒瓦组成的散水类护坡，墓上夯土建筑基址南北长26.6、东西宽21.6米，超过墓口范围。这种较完整的散水类建筑遗存对研究东周时期的丧葬制度、建筑制度等有重要意义。

在夯土建筑基址下、墓口上方外围约1米的区域，发现一周台阶式遗存，且在台阶上发现多处剖面呈半圆形的凹槽，直径约0.5米。四周各有凹槽9条，共36条。此类凹槽遗存具体性质和功能尚不确定，还需进一步分析研究。

台阶式遗存下为墓口，平面呈长方形，南北长14.3、东西宽13.5米，方向2°，无墓道。其规模大于太原赵卿墓、新绛柳泉大墓，是目前山西境内发掘的规模最大的东周墓葬。

墓葬口大底小，墓底距现地表约18.8米。墓内共发现4层生土台。在距地表约4.5米处，出现第一层生土台，宽约0.3米；在距地表约8.1米处，出现第二层生土台，宽约0.1米；在距地表约10.6米处，出现第三层生土台，宽约0.15米；在距地表约12米处，出现第四层生土台，宽约0.1米。各土台之上均有高约0.5米的墓壁呈垂直状，并有明显的工具加工痕迹。

第四层生土台下墓室出现积炭层，距地表约12、厚约1.5米。四角的积炭均保持原位置，保存状况较好。墓室中间的积炭向下垮塌，垮塌深度达 5.3 米。积炭层以下为椁室，椁室中部塌陷较甚，也已超过 5 米。椁盖板保存较好，椁盖板以下为棺室，棺板散乱，棺板以下为椁底板，椁底板以下有两根垫木，再以下为积炭层、积石层、生土墓底。墓室结构由外向内依次为生土墓壁、积石墙、积炭墙、木椁壁。积石墙与积炭墙之间的上部有一周石板层。

根据发掘情况判断，此墓的营造过程为首先在地面挖坑并将坑夯筑至地面，然后在夯土上挖墓坑、墓上台阶式遗存、凹槽，待下葬后将墓室、墓上台阶式遗存、凹槽夯筑，最后夯筑墓上建筑台基。

此墓共出土随葬器物 1706 件，由于多次被盗，不见青铜礼器，出土器物全部为小件器物，质地有陶、铜、铁、金、玉、石、贝、骨、料器等。陶器残片 3 件，可辨器形为豆、壶各 1 件；铜器 377 件，以容器残片为主；金箔 5 件；铁器 4 件；

玉石器 136 件，其中石磬 10 件；海贝 303 件；骨器 874 件，大部分为珠、管；料珠 4 颗。出土器物的造型、纹饰均带有明显的晋文化风格。

根据墓葬形制和出土器物判断，邱家庄墓地 M5001 的年代约为战国早期，其墓上建筑遗存在河南、河北战国时期王侯级的墓葬中均有发现，而此墓是最早的一例。新绛柳泉墓地共发现有 4 组大墓，其中 3 组都是中间大、两侧小，有学者推测为晋国末期晋幽公（公元前 433 ～ 前 416 年）之后的晋公墓葬。邱家庄墓地 M5001 的墓主应为晋国高级贵族，这组大墓或为晋幽公或早于晋幽公的其他晋公之墓地。

邱家庄墓地地处晋国"古曲沃"的核心区域，是东周时期晋国宗庙所在地，目前已勘探发现的 5 组大型墓葬均有可能是晋公及夫人之墓，这对推进晋国历史研究意义重大。

（供稿：陈海波　荆泽健　田建文　王金平）

邱家庄墓地勘探分区图
Coring Map of the Qiujiazhuang Cemetery

69

M5001 出土铜牛
Bronze Ox Unearthed
from Burial M5001

M5001 出土铜鸟
Bronze Bird Unearthed
from Burial M5001

M5001 出土小铜罐
Bronze Little Jar Unearthed
from Burial M5001

M5001 出土石磬
Chime Stones Unearthed
from Burial M5001

M5001 出土玉人
Jade Human Figurine
Unearthed from Burial M5001

M5001 出土玉龙
Jade Dragon Unearthed
from Burial M5001

M5001 出土玉龙
Jade Dragon Unearthed
from Burial M5001

M5001 出土玉龙
Jade Dragon Unearthed
from Burial M5001

M5001 出土玉饰
Jade Ornament Unearthed
from Burial M5001

M5001 出土玉饰
Jade Ornament Unearthed
from Burial M5001

M5001 出土玉饼
Jade Pie-shaped Object
Unearthed from Burial
M5001

M5001 墓上夯土建筑护坡
Slop Protection of the Rammed Earth Building above Burial M5001

M5001 墓口外台阶式遗存及凹槽
Stepped Structure with Several Notches Surrounding Burial M5001

北壁　　　　東壁

M5001 北壁、東壁剖面
Sections of the Northern and Eastern Walls of Burial M5001

M5001 墓室内石板层
Stone Slabs inside the Chamber of Burial M5001

M5001 墓内积石、积炭层
Stone Layer and Charcal Layer in Burial M5001

M5001 墓室内石板层局部
Close-view of the Stone Slabs inside the Chamber of Burial M5001

The cemetery is located at the eastern end of the Mingtiaogang mound at the eastern bank of the Sushui River, and about 100 m to the north of the Qiujiazhuang Village, Tongcheng Township, Wenxi County, Yuncheng City, Shanxi Province. It is a large cemetery of the Eastern Zhou Period. The Shanxi Provincial Institute of Archaeology conducted a coring from August 2018 to July 2019 in an area of 12.4 ha and recognized rammed earth foundations, burials, chariot and horse pits and some 1000 other features. One large burial M5001 was excavated after the coring.

Evidence of rammed earth building with plate tiles and semicircle-shaped tiles slop protection was found above the burial pit, which is surrounded by a stepped structure with several notches. The burial pit has a bigger mouth, a smaller bottom and four steps on the four sides. A layer of charcoal was found below the fourth step, under which was the wooden out chamber and inner chamber. The bottom of the chamber is made of wood timber, charcoal layer and stone layer. The occupant of the burial might be a high status noble of the Jin State in the early Warring-States Period.

浙江安吉

龙山 107 号墓

LONGSHAN TOMB NO. 107 IN ANJI, ZHEJIANG

龙山 107 号古墓葬（俗称八亩墩）位于浙江省安吉县递铺街道古城村，是全国重点文物保护单位——龙山越国贵族墓群中规模最大、等级最高的一座要素齐备、布局规整的完整墓园，整个墓园由中心主墓、外围陪葬墓（小型土墩）和隍壕三部分组成，包括隍壕在内的墓园总面积达 35000 平方米。

2011、2014 年，该墓两次遭盗扰。2016 年 10 月，经国家文物局批准，浙江省文物考古研究所和安吉县博物馆联合组建考古队对其进行了发掘，截至 2019 年 11 月，已完成中心主墓和外围 31 座陪葬墓的发掘，出土印纹硬陶、原始青瓷等随葬器物 571 件（组），另有大量以绿松石为主的玉石器需移至室内进行实验室考古清理。

主墓（D107M1）位于墓园中心，耸立于小山之巅，明显隆起的土墩为东西向长方形覆斗状，墩底长约 56、宽 30、高 8 米，墩顶海拔 41.8 米，与山脚平面相对高度约 19 米。发掘情况表明，主墓由上、下两层长方形覆斗状土台及墓上封土三部分构成。

下层土台为墓葬的基础部分，是在高低不平的山体表面用取自隍壕的土分块夯筑而成，以营建一个顶面平整的墓葬基础。土台底脚长约 70、宽约 50 米，夯土厚度与山体岩石高低相关，由于山体岩石北高南低，营建时南侧坡面夯土较厚，西南角局部夯土的垂直高度达 5.3 米，西北角夯土厚度不足 1 米。土台斜坡面及夯土内发现内外两层块石护坡。局部解剖显示，内层护坡石块铺设紧密整齐，斜坡面十分规整，其底部与山体之间应还有夯土铺垫；土台斜坡表面的石护坡仅见于上段，因暴露于地表，受常年雨水冲刷和人为破坏，显得较为杂乱，保存较好的西侧及西北角，石护坡斜面宽 2～5 米。

上层土台和墓上封土为墓葬的主体部分，高度分别为 6.2 米和 3.5 米，与山顶明显隆起的土墩基本对应。土台顶面即为墓葬开口层面，土台底脚一周有用大石块围砌而成的石坎，石坎平面围合成规整的长方形，东西长 42.9、南北宽 26 米。石坎内侧为土墩的夯土，外侧为下层土台的内层石护坡。

从营建技术来看，土台与墓上封土存在明

发掘区全景（上为北）
Full-view of the Excavation Area (Top is North)

D107 土墩结构（南—北）
Section of Mound D107 (S–N)

显不同，土台均采用分块版筑技术夯筑而成，表面可见若干土色明显不同的长方形或长条形夯土块，夯土块宽1.2～2.2米，局部解剖发现，每版夯土厚0.5～0.6米，整个土台是由若干长方形夯土版块按照一定的顺序逐块、逐层夯筑拼接而成的，夯层厚约0.1米，局部夯面较为平整，未见明显夯窝。墓上封土夯筑不甚规整，剖面未见整体连贯的夯层，仅可根据土质土色划分为5层，平面也未见明显分块现象。

墓坑和墓道位于土台中心，平面呈东西向"甲"字形，墓坑口长14.5～15.16、宽5米，坑壁不规则，坑底明显内收，长13.5、宽3.5～3.8米，深6.1米。斜坡墓道位于墓坑西端正中，长9、口宽2.5、底宽2.7～2.9米，墓向272°。墓道两侧各发现8根半隐在壁内的立柱及竹篾笆朽烂痕迹，立柱自底部直达墓道口，直径0.2～0.3、间距0.3～0.6米。竹篾笆痕迹均为竖向，宽0.03～0.05米。墓道底部发现宽约0.1米的横撑底木朽烂痕迹，墓道上方填土中发现已完全朽烂的4道横梁，最底部横梁距墓底2.9米。墓坑边壁局部见有木棍及竖向竹篾笆朽烂痕迹。根据立柱与墓道边壁的相互关系判断，除坑底深约0.4米人工挖掘的岩坑外，其余均为分块夯筑而成。

墓室位于墓坑中、后段，长8.6、宽2.4～2.5米，底部有两条宽0.25～0.3米的东西顺向枕木沟。根据朽烂后坍塌痕迹判断，木椁为长方形平顶箱式结构。棺位于木椁中部，东西向放置，长3.9、宽0.69米，头向92°，根据朽烂痕迹判断为弧底独木棺。

墓道和墓室之间是用青灰、灰白、黄色等团块状土垒叠的封门墙，东西长3.2、南北宽3、高2.9米，南北两侧均发现立柱朽痕，与墓道两侧立柱在同一条直线上。靠近墓室的封门墙内侧墙面较陡直，朝向墓道的一侧呈斜坡状，封门墙底部亦为斜坡状，坡势与斜坡墓道一致。较清晰的部分土块直径约0.3米，部分土块外仍可见包裹的草茎，推测与良渚古城外围水坝草包泥相似。

主墓土墩北侧石护坡外，发现一条东西向长条形的墓外器物坑（D107K1），开口于表土层下，打破山体基岩，坑长23、宽1.2～1.3、深0.44～0.82米，坑底为西高东低的斜坡状，高差2.26米。

主墓随葬器物可分为陶瓷器和玉石器两大类，其中陶瓷器225件（组）。主墓室内43件（组），多集中在墓室后端，墓室前端较少，以深浅不一的各类原始瓷碗、杯为主，还有少量原始瓷罐、器盖等，因2014年遭盗扰，墓室后端北侧局部遭

破坏。墓外器物坑内出土182件（组），中、东段均为以泥质陶盆为盖的印纹硬陶坛、罐类存储器，分两排或三排整齐布列，少数坛内发现牛骨和角蝾螺。西段主要为三组整齐摆放的原始瓷饮食用器，尤其是最东侧的一组原始瓷碗，有明显的大中小之分，上下叠压整齐套合在一起，总数达68件。19件泥质陶鼎和夹砂陶三足盘集中摆放在印纹陶和原始瓷器之间。

玉石器主要分布在独木棺内，以绿松石管、珠为主，另有部分玉器、萤石器和少量玛瑙珠。棺内东端即墓主头端妆饰最为精美，包括玉簪和绿松石管、珠组合的髻饰及成串冠饰，胸部装饰亦以绿松石管、珠为主。出土的玉器器形有箍、管、簪及圆柱形坠饰等，萤石器主要集中在墓主胸部，有管及菱角形饰。棺外南北两侧见有7颗纺轮形状的萤石珠，南北大体对称分布，可能与棺饰有关。

山顶主墓土墩周边的山坡和山脚共有30座明显隆起的馒首形土墩，分两周大体等距离分布，内外两两对应，紧紧围绕中心土墩，显得极为规整。土墩平面多呈圆形，直径15～20、地表隆起1～2米。各土墩间距5～8米，少数最大间距11米，土墩之间未发现叠压打破关系。

发掘情况表明，除一座土墩内墓葬已被完全破坏外，其余29座土墩各发现一座墓葬，且均位于土墩中心。探方发掘中还发现了两座墓葬，故主墓外围共发现小型墓葬31座。墓葬均是在熟土堆墩的基础上向下挖掘竖穴浅坑，坑底均未打破生土。墓葬可分为三种类型，包括土坑石床墓22座、土坑木椁墓8座及石室墓1座。墓葬平面多为带墓道的"甲"字形，仅石室墓为南北向，其余均为东西向，且多有朝西的墓道，与中心主墓一致。在11座墓葬的外围分别发现了1～3组墓外器物坑或器物组，长条形的器物坑均位于墓葬北侧。

这31座墓葬及器物坑等共出土器物346件，包括印纹硬陶罐及原始瓷碗、杯、盘、器盖等，泥质陶器有盆、乳丁足壶、鼎、罐、钵、纺轮等，D132M1、D117Q1还出土了陶鬲、四足炉等。从未遭扰乱的部分墓葬看，出土器物均集中在墓室后端（东端），基本组合包括印纹硬陶罐、原始瓷碗、泥质陶盆等，14座墓出土了泥质陶乳丁足壶，石器较少，有4座墓出土了个体较小的扁平长条形石器。

这些墓葬的分布情况表明，其应为经过严格规划的墓园的重要组成部分，墓葬形制、方向以及随葬器物摆放位置、墓外器物坑等均与中心主墓高度一致，各墓时代也与中心主墓无明显差别，

D107 下层土台内层石护坡局部（南—北）
Part of the Stone Slop Protection inside the Lower Rammed Earth Platform of Mound D107 (S-N)

D107 土墩夯土分块版筑平面局部（东—西）
Blocks of the Rammed Earth of the Platform of Mound D107 (E-W)

D107 上层土台石坎局部（东—西）
Part of the Low Stone Ridge of the Upper Rammed Earth Platform of Mound D107 (E-W)

D107M1 封门墙（西南—东北）
Entrance-sealing Wall of Tomb D107M1 (SW-NE)

D107M1 墓室内原始瓷器出土情况（西—东）
Proto-porcelain Wares in the Chamber of Tomb D107M1 in situ (W-E)

D107M1 器物坑（上为北）
Offering Pit of Tomb D107M1 (Top is North)

D107M1 墓底（上为北）
Bottom of Tomb D107M1 (Top is North)

D107M1 棺内头饰及冠饰出土情况（西—东）
Hair Decoration and Hat Decoration in the Coffin of Tomb D107M1 in situ (W—E)

D107M1 棺内绿松石串饰出土情况（东—西）
Turquoise Beads in the Coffin of Tomb D107M1 in situ (E—W)

D107M1 棺外绿松石出土情况（南—北）
Turquoise Beads outside the Coffin of Tomb D107M1 in situ (S—N)

D127M1 出土印纹硬陶罐
Stamped Hard Pottery Jar Unearthed
from Tomb D127M1

D111M1 出土原始瓷杯
Proto-porcelain Cup Unearthed
from Tomb D111M1

D139M1 出土印纹硬陶罐
Stamped Hard Pottery Jar Unearthed
from Tomb D139M1

D132M1 出土原始瓷碗
Proto-porcelain Bowl Unearthed
from Tomb D132M1

D128M1 出土泥质陶壶
Clay Pottery Pot Unearthed
from Tomb D128M1

D132M1 出土泥质陶鬲
Clay Pottery Li-cauldron
Unearthed from Tomb D132M1

D132M1 出土泥质陶鬲式盉
Clay Pottery Li-cauldron-style He-
pitcher Unearthed from Tomb D132M1

其应为主墓外围的陪葬墓。

隍壕位于墓园最外围，平面呈转角方正的曲尺形，东西长206、南北宽154米，周长约636米，宽约21米，其中西侧及北侧西段隍壕仍保持原有状态，南侧隍壕在20世纪70年代被扩大成水库，东侧及北侧东段均在农田平整时被填埋。在东侧隍壕发掘中发现了一条宽约6米的进出墓园的陆路通道。隍壕两侧壁斜弧，壕底较平，深1.4~1.7米，据此测算挖掘隍壕土方量约20000立方米，与中心主墓营建所用土方量大体相当。

安吉龙山107号墓园内的中心主墓，高耸于独立的山顶，墓葬营建工程量大，营建技术复杂，墓园要素齐备，表明墓主具有很高的社会地位，墓内出土的原始瓷器代表了同时期的最高水平，玉石器尤其是大量绿松石饰品代表了当时最尖端的工艺技术，印纹硬陶与原始瓷器的形制和装饰、熟土堆坑的建墓方式、墓外独立的长条形器物坑

等均具有明显的春秋晚期越墓特点，主墓内除陶瓷器和玉石器外未见青铜器，也符合以往发掘的大型越墓随葬器物特征，因此判断安吉龙山107号墓园应为春秋晚期越国高等级贵族墓园，不排除为王侯级陵园的可能性。

安吉龙山107号古墓葬的发掘，首次发现并完整揭示了一处越国高等级贵族墓园，填补了越国贵族墓园制度研究的空白。中心主墓由人工夯筑的上、下两层覆斗状土台构成，四周有石护坡和挡坎围护，整体气势恢宏。土台营建采用分块版筑技术，墓道边壁、底部发现了立柱、横撑木、竹篱笆等痕迹，找到了江南大型土墩墓熟土堆坑的关键技术要素。主墓外围发现了迄今为止规模最大的越墓器物坑。器物内发现动物骨骼及海螺等样本，将为越国贵族墓葬的埋葬制度、饮食结构等方面的研究提供难得的资料。

（供稿：田正标　游晓蕾　林城　柯安顺）

D107M1 器物坑局部（东南—西北）
Part of the Offering Pit of Tomb D107M1 (SE−NW)

D107M1 墓道边壁立柱与封门墙（西—东）
Remains of the Posts in the Wall of the Passage
and the Entrance−sealing Wall of Tomb D107M1 (W−E)

D107M1 器物坑局部（西南—东北）
Part of the Offering Pit of Tomb D107M1 (SW−NE)

陪葬墓 D127M1（东—西）
Accompany Tomb D127M1 (E−W)

陪葬墓 D111M1（东南—西北）
Accompany Tomb D111M1 (SE−NW)

The Longshan tomb No. 107 is located at the Gucheng Village, Dipu Community, Anji County, Zhejiang Province. It is the largest tomb in the Longshan noble cemetery of the Yue State and might be of the highest status. It has a tomb yard which is 3.5 ha in area with a rectangular surround ditch and some accompany tombs. The tomb is in the center of the yard with a two steps platform and the mound on the top. The platform is made of rammed earth with stone slop protection and surrounded by a low stone ridge. The burial pit is in the shape of Chinese character " 甲 " with a long passage within which were found remains of supporting posts, bamboo fences, base timbers and roof timbers. A pit with offerings were found beside the tomb, which is the largest ever found in Yue State cemeteries. Totally 31 accompany tombs have been found lining in two circles around the main tomb. Most of these tombs have a stone bed to put the deceased, just the same with the main tomb. The occupant of the yard and tomb No. 107 might be a high status noble of the Yue State in the late Spring-and-Autumn Period, quite possible a ruler of the state.

山东滕州

大韩东周墓地

DAHAN CEMETERY OF THE EASTERN ZHOU PERIOD IN TENGZHOU, SHANDONG

大韩墓地位于山东省滕州市官桥镇大韩村，西南距薛国故城约5公里，东北距东江小邾国墓地约18公里，西北距滕国故城约18.5公里。地处薛河中下游，小魏河从墓地西部流经，地势较为平坦。墓地东西长约100、南北宽约70米，面积约7000平方米。墓地于2017年1月被盗，追缴一批东周时期青铜器。经国家文物局批准，2017～2019年，山东省文物考古研究院和滕州市文物局对其进行了发掘。共清理墓葬195座，其中小型墓葬149座、大中型墓葬46座，出土陶器、青铜器、玉器、石器、骨器、角器、蚌器、锡器、铅器、漆木器、金器、铁器等3000余件。

小型墓葬时代均为战国末期，分布于整个墓地，数十座墓葬打破大中型墓葬。皆为长方形竖穴土坑墓，墓口面积2～3平方米，多为夫妻并穴合葬墓，有的设置腰坑并殉狗。葬具多为一棺，少数为一棺一椁。皆为仰身直肢葬，头向各异。随葬器物较少，仅几座墓葬在壁龛中随葬少量陶圈足壶、圈足小罐或小壶、盘、匜等，部分墓葬随葬玉质或石质口琀，个别随葬铜带钩、玛瑙环等。

大中型墓葬时代分为春秋晚期与战国时期，皆为竖穴土坑墓。春秋晚期墓葬多分布在墓地中部，墓室面积约20平方米，M208与M57一组面积最大，近50平方米。部分为带有墓道的"甲"字形墓，墓道一般向东（个别向西）、较短、较浅，墓道壁凹凸不平或有凹槽。墓室包括椁室与器物箱（边箱），葬具多为一棺一椁，个别为二棺一椁。

有的在椁下设置腰坑并殉狗，椁室周围殉有1～10个殉人。棺内多布满朱砂。多为仰身直肢葬，个别为俯身葬，头向东。器物箱位于椁室北侧或南侧，其内多放置殉牲，一部分放置车舆及马镳、马衔等车马构件。随葬器物多放置于器物箱、椁室，主要有鼎、盖豆、敦、舟、罍、钵、盘、匜、成套纽钟、车軎、车辖、马衔、剑、戈、镞等青铜器，鬲、鼎、盂、豆、罐（罍）等陶器，以及石编磬等。

战国墓葬可分为战国早、中、晚期，主要分布于墓地周边或穿插于墓葬之间，墓室面积约30平方米，较春秋晚期墓葬墓道长、墓坑深。大部分墓葬平面呈刀把形，墓道长10～15米；少部分墓葬无墓道，个别为带有短小墓道的"甲"字形墓。墓室包括椁室与器物箱，或椁室在南、器物箱在北，或反之。葬具多为一棺一椁，有的在椁下设置腰坑并殉狗。棺内施朱砂，皆为仰身直肢葬，除一座墓葬头向南外，其他皆头向东。墓主周围殉有1～6个殉人。器物箱内放置殉牲，随葬车舆、车伞盖、木质盾牌、铠甲、呈束的兵器（其中木柲较长且较细，非实用器），另有鼎、簠、豆、舟、壶、鉴、盘、匜、车軎、车辖、马衔、剑、戈、镞等青铜器，鼎、豆、壶、鸟柱盘、方座龙耳簋、圈足凤耳簋、投壶等陶器（多为仿铜礼器），其中一部分为彩绘陶器。棺椁之间亦随葬兵器，棺内随葬玉器、水晶器、玛瑙器。M123随葬一套锡纽钟，较为罕见。

大韩墓地延续时间长，从春秋晚期一直延续至战国末期，从墓葬层位关系、墓葬规模、

M199（战国时期）
Burial M199 (Warring-States Period)

M200 出土车舆、伞盖朽痕（战国时期）
Marks of the Chariot Carriage and Canopy
Unearthed from Burial M200 (Warring-States Period)

M208（春秋晚期）
Burial M208 (Late Spring-and-Autumn Period)

M57（春秋晚期）
Burial M57 (Late Spring-and-Autumn Period)

M206（春秋晚期）
Burial M206 (Late Spring-and-Autumn Period)

葬俗、随葬器物等方面看，该墓地可分为两个大的时期、两种不同性质，即春秋晚期至战国晚期的大中型贵族墓地和战国末期的小型平民墓地。大中型墓葬是本次发掘最为重要的发现。墓葬排列布局、头向、形制结构、葬具、葬俗、器用制度、随葬器物等具有很强的一致性，年代分为春秋晚期早段、中段、晚段和战国早期、中期、晚期，埋葬具有很强的延续性。墓地埋葬经过规划，布局以中间规格最高的 M208 和

M57 为中心，中部比较稀疏，似乎有预留空间。埋葬有昭穆排列的现象，春秋晚期墓葬在内部，战国墓葬在外围，春秋时期墓道一般向东、个别向西，战国时期墓道则向东、向西均多见。战国晚期墓葬有填补空间埋葬的现象，M45 墓道呈弧形，显然是避免破坏 M64 而为。北部不见墓葬，或为墓地入口。墓地当时应为高地，四周有环沟的迹象。

从墓室面积、棺椁、随葬器物等分析，墓

M39（战国时期）
Burial M39 (Warring-States Period)

M64 玉器出土情况（春秋晚期）
Jades Unearthed from Burial M64 in situ (Late Spring-and-Autumn Period)

M123 出土锡纽钟（战国时期）
Tin *Niu*-bells Unearthed from Burial M123 (Warring-States Period)

M136 束兵出土情况（战国时期）
Weapons Unearthed from Burial M136 (Warring-States Period)

主多为士一级贵族，少部分为卿大夫级别，M208 与 M57 为一组夫妇并穴合葬墓，或为一代国君及其夫人墓（追缴的"倪公克父"戈或出自 M208）。该墓地共有十余组夫妇并穴合葬墓，其余大部分为单人墓葬。从墓葬头向、葬俗、随葬器物分析，墓葬具有东夷文化属性，从 M43 随葬的 4 件器物皆有"倪大司马"的铜器铭文看，墓地或为倪国贵族家族墓地。其与薛国故城薛国贵族墓葬、滕州庄里西滕国贵族墓葬不同，在春秋晚期至战国晚期这个动荡的时代，在这个区域能够延续埋葬贵族家族墓地，是值得研究的重要现象。

通过勘探，在墓地周围发现了兆沟的迹象，目前正在解剖。而在该墓地以东 30 余米处，又发现一处同时期的东莱贵族墓地，东南部还连续分布有前莱、坝上、北辛等东周墓葬，这种现象值

金箔
Gold Foil

铜提链小罐
Bronze Pot with Chain Handle

铜壶（战国晚期）
Bronze Pot (Late Warring-States Period)

M43 出土铭文铜器（春秋晚期）
Bronzes with Inscriptions Unearthed from Burial M43 (Late Spring-and-Autumn Period)

M43 出土陶器（春秋晚期）
Pottery wares Unearthed from Burial
M43 (Late Spring—and—Autumn Period)

M44 出土彩绘陶器（春秋晚期）
Color-painted Pottery Wares Unearthed from Burial
M44 (Late Spring—and—Autumn Period)

陶器（战国时期）
Pottery Wares (Warring—States Period)

铜器
Bronze

M206 出土编钟
Chime Bells Unearthed from Burial M206

M39 出土铜器（战国早期）
Bronzes Unearthed from Burial M39 (Early Warring-States Period)

得进一步研究。大韩墓地周边未发现相关城址，计划在周边更大范围内对重要遗址进行专题复查、勘探和试掘工作，以探索城邑和墓地的关系。

大韩东周墓地的发掘，特别是大中型墓葬的发掘，是近年来山东地区和全国周代考古的重要发现，对研究鲁中南地区周代文化谱系、东周墓葬制度、文化交流融合、泗上十二诸侯国及其与周边古国关系等具有重要价值，对研究齐鲁地域文化和传统文化的形成具有重要意义。

（供稿：刘延常　郝导华　王龙　代全龙）

M26 出土玉组佩（春秋晚期）
Jade Ornaments Unearthed from Burial M26 (Late Spring-and-Autumn Period)

M199 出土玉组佩（战国时期）
Jade Ornaments Unearthed from Burial M199 (Warring-States Period)

M64 出土玉组佩（春秋晚期）
Jade Ornaments Unearthed from Burial M64 (Late Spring-and-Autumn Period)

M43 出土玉组佩（春秋晚期）
Jade Ornaments Unearthed from Burial M43 (Late Spring-and-Autumn Period)

铜钫、壶
Bronze pi-Pots and Pot

The Dahan cemetery is located at the Dahan Village, Guanqiao Township, Tengzhou City, Zaozhuang City, Shandong Province. It is 100 m long from east to west, 70 m wide from south to north, and 7000 sq m in area. The Shandong Provincial Institute of Cultural Relics and Archaeology had conducted rescue excavations from 2017 to 2019 and recovered 195 burials, including 149 small burials of the late Warring-States Period with relatively less grave goods, and 46 middle size and big burials of the late Spring-and-Autumn Period and Warring-States Period. Artifacts unearthed from the late Spring-and-Autumn Period burials include bronze *ding*-tripods, *fu*-cauldrons, *dou*-stemmed bowls with lids, *dui*-containers, *zhou*-bowls, *lei*-wines, *pi*-pots, plates, *yi*-bowls, bells, and pottery *li*-tripods, *ding*-tripods, *yu*-basins, *dou*-stemmed bowls, pots, and *Qing* chime stones. Artifacts unearthed from the Warring-States Period burials include bronze *ding*-tripods, *dou*-stemmed bowls, pots, plates, *yi*-bowls and pottery *ding*-tripods, *dou*-stemmed bowls, pots and *gui*-tureens with square foot. The discoveries are important for the researches on the local chronology of the Eastern Zhou remains in the Zaozhuang and Tengzhou area and the Xue River valley, and relationship between the twelve local Dukes in the Si River valley and the Chu, Yue and Qi states.

湖北随州

枣树林春秋曾国贵族墓地

ZAOSHULIN CEMETERY OF NOBLE OF THE SPRING-AND-AUTUMN PERIOD ZENG STATE IN SUIZHOU, HUBEI

枣树林墓地位于湖北省随州市曾都区东城办事处文峰社区，中心区域地理坐标为北纬31°42′27″，东经113°23′7″，海拔83米。墓地地处一座南北长约300、东西宽约200米的东北—西南走向的岗地上，地势高出四周3～5米。2018年3月至2019年11月，经国家文物局批准，湖北省文物考古研究所、北京大学考古文博学院、随州博物馆和曾都区考古队组成枣树林联合考古队对该墓地进行了发掘，清理春秋曾国墓葬86座、马坑4座、车坑5座，取得了重要收获。

枣树林墓地与近年发掘的文峰塔墓地均属于义地岗墓群。文峰塔墓地是一处春秋晚期至战国中期曾国贵族墓地，发现有曾侯與、曾侯邸、曾侯丙等曾侯墓葬。发掘资料显示枣树林墓地是春秋中、晚期的曾国贵族墓地。其中，5座带斜坡

M190（曾公求墓）椁室
Outer Coffin of Burial M190 (Duke Qiu)

M191（曾夫人渔墓）椁室
Outer Coffin of Burial M191 (Yu, Wife of Duke Qiu)

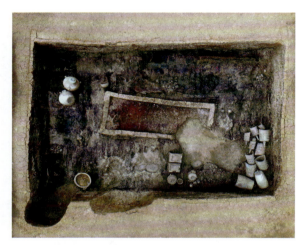

M168（曾侯宝墓）椁室
Outer Coffin of Burial M168 (Marquis Bao)

M169（曾夫人加墓）椁室
Outer Coffin of Burial M169 (Jia, Wife of Marquis Bao)

墓道的"甲"字形大型墓为曾侯及其夫人墓、19座中型墓为中层贵族墓、62座小型墓为低层贵族墓。墓向均为东西向，方向为110°～120°。大、中型墓葬多为一椁重棺，小型墓均为一椁一棺。5座大型墓分三组由北及南排列。每组结构布局一致，夫人墓居北，曾侯墓居中，附属马坑和车坑居南部东、西两侧，中、小型墓葬分布在大墓外围，呈放射状分布。三组大墓的墓主分别为曾公求（M190）及其夫人芈渔（M191）、曾侯宝（M168）及其夫人芈加（M169）、曾侯得。车坑和马坑分设，马坑内葬马数量不等，多者20余匹，少者仅数匹，马均为死后埋葬。车坑葬车数量多者10余辆，少者数辆，车结构完整，部分车、车器、车饰形制独特，为考古出土的同时期遗存

中首次发现。

出土铜器2000余件，其中礼器近600件。曾侯及夫人墓常见青铜礼器组合为鼎、簋、鬲、壶、簠、盘、匜、缶、钾。三位曾侯及芈加墓出土了编钟：曾公求墓出土镈钟4件、甬钟17件、纽钟13件，曾侯宝墓被盗仅存镈钟2件、甬钟13件，芈加墓被盗仅存纽钟19件，曾侯得墓出土镈钟4件、甬钟16件。中型墓青铜礼器组合有两种，第一种是鼎、簋、鬲、壶、簠、盘、匜，第二种组合在这基础上新出盏。小型墓青铜礼器组合分为鼎、壶、簋、盘、匜和鼎、盂、盘、匜两种。小型墓青铜礼器组合的不同可能与墓葬的早晚有较大的关系，墓地北部时代较早的小型墓多出土鼎、盂、盘、匜，南部时代较晚的小型墓多出土鼎、壶、

簠、盘、匜。

大型墓出土的88件编钟、60件编磬和1件陶埙以及中、小型墓出土不同数量组合的近70件小组钟，是继新郑东周祭祀遗址之后，新发现的一批组合完整的音乐考古材料。据不完全统计，墓地出土铜器上有铭文近6000字，是迄今考古发现最大的一批金文资料。曾公求墓单件镈钟铭文达312字，为目前所见春秋时期单件铭文最多的铜器。

曾公求及其夫人墓保水条件较好，在考古现场保护与多学科的支持下，周代封君墓葬棺椁结构得以较完整呈现。墓葬出土的大量春秋中期漆木器，如豆、俎、瓒、彩绘钟架和磬架、兵器柲杆、绕线棒、盾、车轭等，均得到了较完整的提取和保护。清理出的漆木瓒和铜壶在墓中成组出现，为研究曾国漆木工艺及礼器制度的发展演变提供了新视角。

曾国从西周早期立国到战国中期灭亡的历史进程中尚存缺环，枣树林墓地的考古发现填补了曾国春秋中期的空白。这些考古资料与近年的曾国考古资料共同构建了周代封国中考古学文化序列最为完整清晰的曾国历史发展脉络，建立了中国南方周代青铜文化的标尺。枣树林墓地考古发现在曾国乃至周代考古领域具有重大意义。

第一，三组曾侯墓葬在布局和年代上与墓地南部之前发掘的曾侯遇、曾侯邲墓葬相衔接。墓地墓葬年代从北至南渐晚，规划有序，排列整齐，体现了周文化墓地的特征和曾国葬制的传统。这三组侯级墓葬，是经过科学考古发掘、棺椁结构和器物组合等保存最好的春秋中期侯级墓葬，填补了不见春秋中期曾侯墓的空白，为完善曾国世系及研究春秋中期诸侯墓葬形制、礼器组合等相关问题提供了翔实的资料。

第二，墓地年代较早墓葬的随葬器物形制大体与周原地区相近，较晚墓葬的随葬器物已有很明显的楚文化风格，体现了曾国春秋中期从"左右文武"到"左右楚王"的转变，为研究中央与地方青铜器的发展变革提供了重要的实物资料。

第三，青铜礼乐器铭文反映了极其丰富的曾国及周王朝历史文化信息。芈加墓编钟铭文"帅禹之堵""以长辝夏"，可与传世叔公盨、秦公簋、叔夷镈的"禹""夏"铭文相印证，反映了春秋时期不同文化区域对"禹"和"夏"的共同认知，为研究中华文明起源问题提供了新材料；芈加墓编钟铭文"余文王之孙，穆之元子，出邦于曾"等，涉及曾国是文王之后的新材料，可与曾侯遇编钟铭文"稷之玄孙""左右文武"对照，从铭文记载的角度辨析周代从"稷"到"文""武"的世系，为建立曾国世系提供了

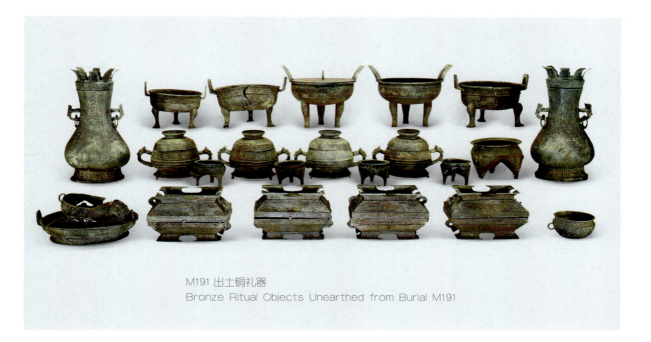

M191 出土铜礼器
Bronze Ritual Objects Unearthed from Burial M191

CK5（曾公求墓车坑）
Chariot Pit CK5 of Duke Qiu

最直接的重要铭文资料；曾公求墓编钟铭文"昭王南行，豫命于曾，咸成我诸，左右有周，赐之用钺，用政（征）南方"，为研究周王朝开

CK5 出土神人驭龙双通车构件
Spirit Riding a Dragon Chariot Part Unearthed from Burial Chariot Pit CK5

发南土提供了新材料；曾公求编钟铭文"适于汉东，（南）方无疆，涉政（征）淮夷，至于繁阳"等，涉及周王朝昭王南行、经略南方等重大历史事件，铭文中部分古地名为研究周代"金道锡行"等重大学术问题提供了新线索；芈加墓铜器铭文"楚王媵随仲芈加"、芈渔墓铜器铭文"唐侯制随侯行鼎"，均充分证明曾即为随，从而为学术界长期争论的"曾随之谜"画上了句号；芈渔墓出土"楚王媵渔芈""唐侯作随侯行鼎"等铭文和芈加墓出土"楚王媵随仲芈加"等铭文，为研究春秋时期曾、楚、唐三者之间的关系、唐国历史与地望等提供了新线索；曾公求墓铜方壶铭文中的"皇考桓叔"可能是早期曾侯，为丰富曾国世系提供新的考古文献材料；大量青铜器铭文多涉及曾国宗族称谓，如"曾叔""曾子""曾孙""曾叔孙""曾叔子"等，为研究春秋时期曾国的世系、宗法制度等提供了新的出土文献资料；曾公求墓编钟铭文中"玄镠""黄镈""镐肤"等系列贵重金属材料的名称，对研究冶金史和材料史具有重大意义。

曾国在西周早期至战国中期的存世阶段，从国君到中小贵族的墓葬、中心区域遗存都有揭露，曾国成为商周考古中物质文化面貌揭示最为全面完整的诸侯国。曾国历史从传世文献记载不明，到考古揭示出清晰的国君世系、社会阶层、文化面貌，体现出考古写史的作用和意义。

（供稿：郭长江　陈虎　李晓杨　宋有志）

M191 出土铜鬲铭文

Inscriptions on the Bronze *Li*-tripod Unearthed from Burial M191

M169 出土铜缶铭文

Inscriptions on the Bronze *Fou*-cauldron Unearthed from Burial M169

M191 出土铜簋铭文

Inscriptions on the Bronze *Gui*-tureen Unearthed from Burial M191

M190 出土铜器

Bronzes Unearthed from Burial M190

M190 出土铜编钟
Bronze Chime Bells Unearthed
from Burial M190

M190 出土铜礼器
Bronze Ritual Objects Unearthed
from Burial M190

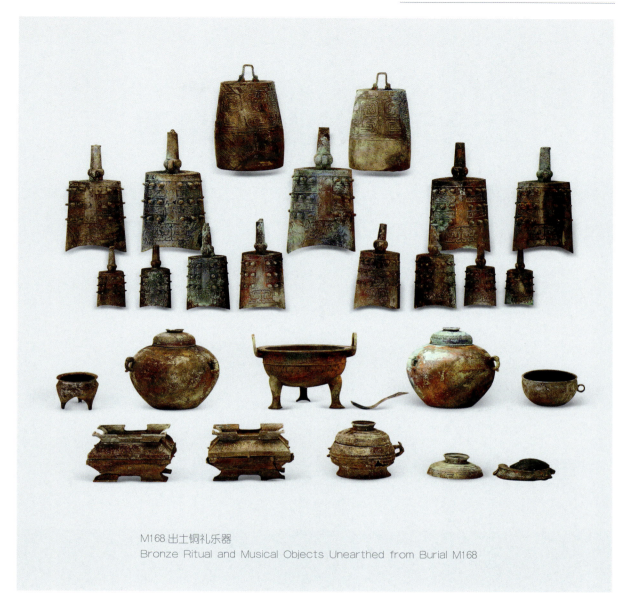

M168 出土铜礼乐器
Bronze Ritual and Musical Objects Unearthed from Burial M168

The Zaoshulin cemetery is located at the Zengdu District, Suizhou City, Hubei Province. It is a noble cemetery of the Zeng State in the middle and late Spring-and-Autumn Period. The Hubei Provincial Institute of Cultural Relics and Archaeology conducted excavation from March 2018 to November 2019 and unearthed 86 burials, 4 horse pits and 5 chariot pits. Five of the burials, including the burials of Duke Qiu and his wife Min Yu, Marquis Bao and his wife Min Jia and Marquis De, have the burial pit in the shape of Chinese character " 甲 ". More than 2000 pieces of bronzes had been found from the burials, including more than 600 ritual objects, with inscriptions of nearly 6000 characters. The large amount of bronze chime bells and chime stones are amazing new data for the research on music and ritual systems in the Spring-and-Autumn Period. The lacquered wares unearthed from burials of Duke Qiu and his wife are well preserved, exhibiting the high techniques of lacquer manufacture in the Zeng State. The cemetery shows both the Zhou style and Zeng State funeral tradition and provides more samples for researches on the development of bronzes of the central government and local states.

湖北荆州

龙会河北岸战国楚墓

LONGHUI RIVER NORTHERN BANK CEMETERY OF THE WARRING-STATES PERIOD CHU STATE IN JINGZHOU, HUBEI

龙会河北岸墓地位于湖北省荆州市荆州区纪南镇雨台村，东邻荆（门）沙（市）铁路，西距楚纪南城东城垣约 0.6 公里，西南距荆州古城约 7.5 公里，中心地理坐标为北纬 30°22′21.24″，东经 112°12′45.65″。为配合 207 国道荆州枣林至郢城段改扩建项目，经国家文物局批准，2018 年 7 月至 2019 年 5 月，荆州博物馆对该墓地进行了发掘，清理战国楚墓 329 座。其中，M324 出土了一批竹简，具有重要价值。

M324 为一座长方形竖穴土坑木椁墓，方向 198°。墓圹平面呈长方形，墓口距地表 0.45 米，墓口长 5.3、宽 3.64 米，墓底长 3.25、宽 1.68 米，

深 3.83 米。葬具为一棺一椁，椁室长 3.14、宽 1.6、高 1.32 米（不含垫木）。椁室内分头箱和棺室两部分，棺长 2.09、宽 0.76、高 0.8 米，为悬底弧棺。棺内人骨腐朽较严重。

出土陶鼎、簋、敦、缶、壶、盂、豆、罍，漆木豆、瑟、镇墓兽，铜剑、戈、戟、镞等 23 件（套）和竹简，放置于头箱和棺外的两侧。从器物特征推断墓葬年代为战国中期。竹简置于头箱，出土时已散乱，通过室内清理揭取，共 324 枚。大部分较为完整，少量残断，竹简字迹有的已脱落，有的被污渍掩盖。根据竹简形制和字体，初步判断竹简内容分两类。

第一类简较长，整简长约 44 厘米，字体飘逸。

M324 头箱
Head Box of Burial M324

简背刻划线
Incised Lines on the Back Side of Bamboo Slips

竹简
Bamboo Slips

简背反印文
Reversed Characters Impressed on the Back Side of Bamboo Slips

简文内容包含楚国祭祀和军事礼仪等。简262记述了䎦尿之月，先单独对"文王"用"大牢"进行膏祭，然后再对成王、庄王、共王、康王、灵王、競坪王用"大牢"进行膏祭，楚墓出土的卜筮祭祷简中对楚王的祭祷多用"哉牛"，而新蔡葛陵楚墓出土的卜筮祭祷简中对楚王祭祷亦用"大牢"。简文还记述了成王、穆王、庄王、共王、競坪王、昭王、献惠王、简大王、声桓王9位楚王在春季或冬季进行的"戥"这种礼仪活动，又见"大司马、左、右司马"等楚国军事职官。据此推断，简文内容可能为记录楚王在春、冬两季举行的一种称为"戥"的重大礼仪活动，疑与《春秋》桓公六年"秋八月壬午，大阅"、《左传》"秋，大阅，简车马也"中的"大阅"以及"春蒐、夏苗、秋狝、冬狩"等相关。简269："庄王即立（位）十又□[岁]，乃春戥于蒐。"《春秋》宣公十二

年（楚庄王十七年）"春，楚子围郑，夏六月乙卯，晋荀林父帅师及楚子战于邲，晋师败绩"，"蒐"属于郑地。

第二类简稍短，整简长约41厘米，字体较规整。简文记载周武王与周公旦的内容，类似《尚书》《逸周书》等"书"类文献。

简201："□□武王是□，视王吴（虞）德，王亓永思（使）元弟卑作辅，以（捍）王家，是永休。"简文中的"武王"应指周武王，"元弟"指"周公旦"，"以捍王家"类似于铜器铭文中的"死司王家"（康鼎《殷周金文集成》2786）、"谏辥王家"（大克鼎《殷周金文集成》2836）。

M324出土的战国简，为研究楚国军事思想文化、先秦历史与文献典籍等提供了珍贵资料，具有重要学术价值。

（供稿：蒋鲁敬　彭军）

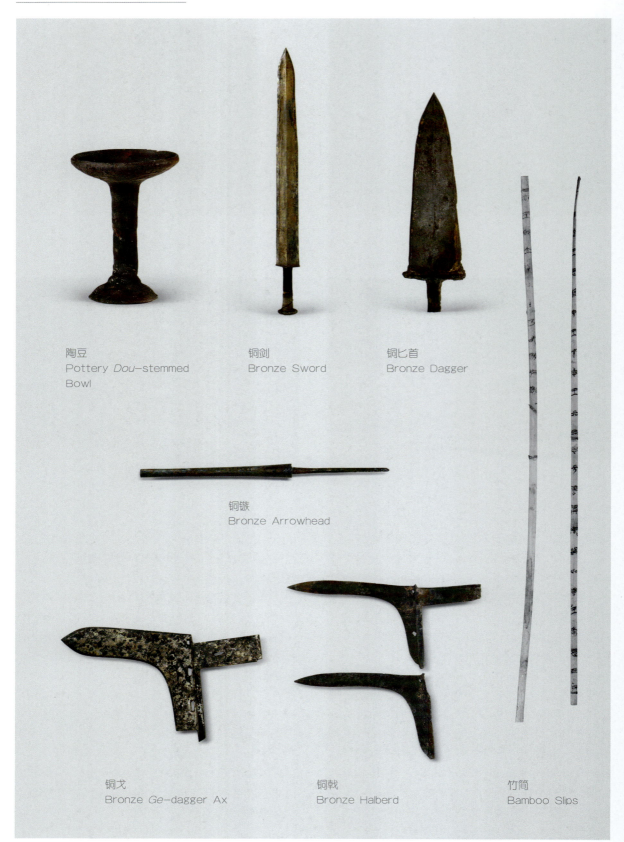

陶豆
Pottery *Dou*-stemmed
Bowl

铜剑
Bronze Sword

铜匕首
Bronze Dagger

铜镞
Bronze Arrowhead

铜戈
Bronze *Ge*-dagger Ax

铜戟
Bronze Halberd

竹简
Bamboo Slips

陶敦
Pottery *Dui*–container

陶簠
Pottery *Fu*–square Container

陶盂
Pottery *Yu*–basin

陶鼎
Pottery *Ding*–tripod

陶缶
Pottery *Fou*–cauldron

陶壶
Pottery Pot

The Longhui River northern bank cemetery is located at the Yutai Village, Jinan Township, Jingzhou District, Jingzhou City, Hubei Province, which is 600 m to the east of the eastern wall of the Jinan walled capital of the Chu State.The Jingzhou City Museum conducted excavation from July 2018 to May 2019 and unearthed 329 burials of the Chu-State of the Warring-States Period. M324 is a middle Warring-States Period burial with a shaft pit and a wooden outer coffin. Totally 23 pieces (sets) of offerings including pottery wares, lacquered wares, the bronze sword, bronze *ge*-dagger ax, bronze halberd and arrowheads had been found in the burial, together with 324 bamboo slips of ancient texts. These bamboo slips can be divided into two types. The type I slips are longer and the texts on them are pertaining with the rituals and military etiquette. The type II slips are shorter and the texts on them are similar with the *Shang Shu* and *Yi Zhou Shu*. These Warring-States Period bamboo slips are rare data for the researches on military culture of the Chu-State, as well as the pre-Qin history and the correction of current versions of ancient texts.

江苏仪征
联营西汉家族墓地

LIANYING FAMILY CEMETERY OF THE WESTERN HAN
DYNASTY IN YIZHENG, JIANGSU

联营汉墓位于江苏省仪征市刘集镇联营村谢庄组、赵营组及联合组一带的高地上，东南距庙山汉墓1公里，是仪征市一处西汉早期墓葬的密集埋葬区，与庙山汉墓关系密切。2017年7月，为配合基本建设，南京博物院考古研究所对该墓群进行了初步考古调查、勘探工作。2018年，经国家文物局批准，南京博物院考古研究所联合扬州市文物考古研究所、仪征市博物馆对该区域进行了抢救性考古发掘。共发掘汉代墓葬57座，出土陶器、铜器、玉器、漆木器等各类器物1100余件（套）。2019年继续向南发掘，发现汉

代墓葬57座、祭祀坑24座。目前已发掘墓葬及祭祀坑71座，出土陶器、铜器、玉器、漆木器等各类器物1200余件（套）。

西汉早期墓葬方向均为南稍偏东，与庙山汉墓相同，早期墓葬多出土"臣某"印章。排列有序、规格较高，多为同茔异穴。根据对早期墓葬的葬具及出土器物的对比与分析，初步将早期墓葬规格分为五个等级。第一等级以M59、M153为代表，为一棺四箱附内椁及内外假椁。M59为南北向竖穴土坑木椁墓，南北长约5.3、东西宽约4.5、深约3.16米，方向178°。出土"范胥奇"

2019 年发掘区
Excavation Area in 2019

玉印、玉韘形佩、玉勒、铜印、笭床等。第二等级以 M41、M135、M27 为代表，为一棺四箱无内椁。M41 为南北向竖穴土坑木椁墓，南北长约 4.63、东西宽约 3、深约 3.51 米，方向 190°。出土陶器、漆木器及"朱俞""臣俞"双面铜印等。第三等级以 M12 为代表，为一椁一棺三箱。M12 为南北向竖穴土坑木椁墓，南北长约 4.65、东西宽约 3.6、深约 4 米，方向 177°。出土陶器、玉器、"庄戚"与"臣庄"双面铜印及笭床等。第四等级以 M26、M141、M47 为代表，为一椁一棺两箱。M26 为南北向竖穴土坑木椁墓，南北长约 4.43、东西宽约 3.63、深约 3.83 米，方向 183°。出土陶器、漆木器、玉器及铜器等。第五等级以 M143、M64 为代表，为一椁一棺一箱。M64 为南北向竖穴土坑木椁墓，南北长约 3.05、

东西宽约 2、深约 1.7 米，方向 172°。开口向下 1 米处留有二层台。出土陶锺、陶瓿和漆奁等。

庄氏家族墓地位于发掘区西南部，时代由西汉早期延续至西汉晚期，由南向北墓葬年代逐渐变晚，规格逐渐变小。M153 为南北向竖穴土坑木椁墓，一棺四箱附内椁及内外假椁。南北长约 5.58、东西宽约 4.6、深约 4.13 米，方向 196°。出土铜印、铜带钩、玉塞、玉珌、玉握、陶"半两"、陶饼金、陶郢爰、釉陶器和漆木器等。M86 位于 M153 北部，为南北向带墓道竖穴土坑木椁墓，墓葬开口有扰动痕迹，墓葬南侧被现代池塘打破，墓道北侧被 M88 打破。南北长约 10.25、东西宽 1.75～3.99 米。葬具为二重椁双棺一回廊，墓道下置外藏椁。外藏椁出土铜器、陶器、漆木器等。回廊及棺内出

M59
Burial M59

M41
Burial M41

M12
Burial M2

M88
Burial M88

土彩绘云气纹穿璧天花板、云气纹彩绘透雕穿璧漆笭床、漆枕、漆笄、漆沐盘、玉印、鱼形玉握、玉塞、玉玲、玉具铜剑、铜香薰、铜带钩、铜钱、纱巾及木俑等。M88 位于 M86 北部，打破 M86 墓道，南北向竖穴土坑木椁墓，墓葬开口未发现盗扰痕迹，保存完整。开口平面呈不规则长方形，南北长约 4.75、东西宽 4.06～4.12、深约 4.71 米，方向 198°。葬具为一椁二棺二箱。出土玉器、铜器、漆木器、陶器、铁器等 240 余件（套）。M77 位于 M86 西部，为东西向竖穴土坑木椁墓，头向东，与 M86 相同，东西长约 3.5、南北宽约 2.9、深约 3.26 米，方

向 110°。葬具为一椁一棺一箱。彩绘漆棺，仅棺盖顶部及棺东侧挡板镶嵌玉璧部分略保留彩绘。出土铜钱、嵌宝石漆奁、云气纹彩绘透雕穿璧漆笭床、玉器、陶器、漆木器、木俑及大量动植物标本等。M94 位于 M88 北部偏西，为南北向竖穴土坑木椁墓，南北长约 2.96、东西宽约 2.1、深约 4.09 米，方向 185°。出土铜铣、铜钱、陶器、漆木器、玉器及木俑等。M107 位于 M94 北部偏东，为南北向竖穴土坑木椁墓，南北长约 2.86、东西宽约 1.02、深约 1.78 米，方向 192°。葬具为一椁一棺一箱。出土铜器、陶器、漆木器等。

M26
Burial M26

M153
Burial M153

M86
Burial M86

M94
Burial M94

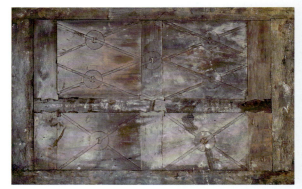

M77 二层盖板
Second Layer of Wooden Cover of the Chambers
of Burial M77

M77 边箱
Side Chamber of Burial M77

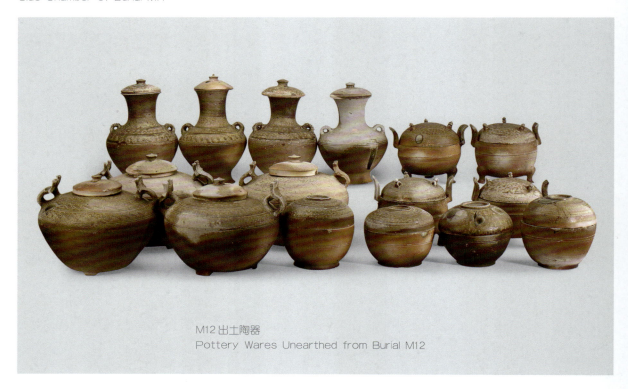

M12 出土陶器
Pottery Wares Unearthed from Burial M12

各家族墓地的区分界线不明，根据墓葬等级、出土器物以及墓葬布局特征推断，联营汉墓群最初是庙山王陵大臣的埋葬区域，第一代基本是吴王的大臣。约有十个家族在此地进行过规划，将后代的埋葬区域进行了预留。时代由西汉早期延续至西汉晚期。西汉早期墓葬墓向一致，均为南北向，墓主头向南，排列有序，规格较高。夫妇皆为同茔异穴埋葬。男性墓主位于东侧，墓室内皆随葬兵器但兵备各有差异，军事色彩浓重。出土成套的鼎、盒、壶、瓿等釉陶器组合，漆奁盒、铜镜置于箱内，其中M59、M153身份最高，推测这些墓葬与庙山

陵园关系密切。庄氏家族墓地位于墓地西南部，排列有序，东西两侧的墓葬墓向朝向中间或预示家族的嫡庶关系，由南向北墓葬年代逐渐变晚，规格逐渐变小，预示家族的衰败。

仪征联营西汉墓群的发掘为庙山汉墓即为吴王刘濞陵墓的推断提供了更翔实的证据。延续西汉一代的家族墓园的发现是少见的对西汉家族墓园完整的揭示，对研究汉代丧葬制度和南方地区西汉器物的编年有极高价值。丧葬制度的揭示、动植物实物的完好保存，为复原汉代生活提供了丰富的实物标本。

（供稿：李则斌　刘勤　夏晶　田长有）

M12 出土笭床
Bottom Wooden Plate Unearthed from Burial M12

M77 出土笭床
Bottom Wooden Plate Unearthed from Burial M77

M59 出土玉鞢形佩
Jade Archer's-ring-shaped Pendant Unearthed from Burial M59

M153 出土玉珨、玉握
Jade Mouth Fill and Hand Fill Unearthed from Burial M153

M12 出土"庄戚""臣庄"双面铜印
Bronze Seal with Inscriptions of "Zhuang Qi" and "Chen Zhuang" on Two Sides Unearthed from Burial M12

M59 出土"范胥奇"玉印
Jade Seal with Inscriptions "Fan Xuqi" Unearthed from Burial M59

M12 出土玉管
Jade Tube Unearthed from M12

M77 出土漆奁
Lacquered Toilet Case Unearthed from Burial M77

M153 出土玉塞
Jade Fill Unearthed from Burial M153

The Lianying family cemetery is located at the Lianying Village, Liuji Township, Yizheng City, Jiangsu Province. It is just 1000 m to the northwest of the Miaoshan Han Mausoleum of a local duke and might have close relationship with it. The Institute of Archaeology of the Nanjing Museum, with the cooperation of Yangzhou City Institute of Cultural Relics and Archaeology and the Yizheng City Museum, conducted rescue excavation in 2018 during which were unearthed 57 Han Dynasty burials. The excavation in 2019 unearthed 57 Han Dynasty burials and 24 sacrificial pits. By present, totally 71 burials and sacrificial pits had been unearthed, within which were found more than 1200 pieces (sets) of pottery wares, bronzes, jades and lacquered wares. The cemetery might have been for the ministers of the occupant of the Miaoshan Mausoleum. About ten families had been using it as the bury ground through the whole Western Han Dynasty. Only a few family cemeteries have been excavated as completely as this. The discoveries are significant for the researches on funeral rites and chronology of artifacts in southern areas of the Western Han Dynasty.

湖北荆州

胡家草场西汉墓

HUJIACAOCHANG BURIAL OF THE WESTERN HAN DYNASTY IN JINGZHOU, HUBEI

胡家草场墓地位于湖北省荆州市纪南生态文化旅游区岳山村，西距秦汉时期的郢城遗址0.98公里，中心地理坐标为北纬30°22′26.92″，东经112°14′19.08″。2018年10月至2019年3月，为配合地方建设，荆州博物馆对其进行了发掘，清理墓葬18座，包括西汉墓11座、东汉墓3座以及宋、明墓各2座。其中西汉墓M12出土了漆木器、简牍等111件（套），具有重要学术价值。

M12为长方形竖穴土坑木椁墓。墓口长7.7、宽5.7米，墓底长6.5、宽4.6米，深5.3米，方向353°。椁室长4.4、宽2.4、高2.1米，随葬器物主要放置于头箱、边箱和足箱。墓葬早期遭盗扰，但头箱内两件盛放简牍的竹笥基本保持原貌，简牍也得以较好保存。

简牍出土后，整体打包运至荆州文物保护中心进行室内揭取与保护。采用竹简整理专利技术实施清理，先绘制简牍剖面图并编号，再揭取，然后按照红外扫描—照相—清洗—红外扫描—照相—脱色—绑夹—登记入库等程序进行保护。

简牍编号共4642个，内容分为岁纪、历、日至、法律文献、日书、医方、簿籍、遣册等几类。岁纪简共160余枚，按照形制可分两组。第一组长约27.5、宽约0.3厘米，记载秦昭王元年至秦始皇时的大事。第二组长约27.5、宽约1厘米，记载秦二世至汉文帝时的大事。简背多有刻划线。卷题"岁纪"单独写在一枚宽简正面。两组记事皆每年一简，共计143年。历、日至简共203枚，简长约46、宽约0.7厘米，简背有刻划线。含"历""日

至"两种文献，皆为自题。简首有编号，从一至百，一年一简，从公元前163年（文帝后元元年）下推至公元前64年，长达100年。法律文献简主要含律典和令典，共3000余枚。简长约30、宽约0.5厘米，简背有刻划线。律典三卷。第一卷含告、盗、亡等14律。第二卷自题"旁律甲"，含田、朝、户等18律。第三卷自题"旁律乙"，含外乐、蛮夷等13律。三卷皆有目录，目录分别有小结"凡十四律""凡十八律""凡十三律"。令典两卷，第一卷自题"令散甲"，含令甲、令乙、令丙、令丁、令戊、壹行令、少府令、功令、蛮夷卒令、卫官令、市事令。第二卷含户令甲等26个令名。两卷皆有目录，目录分别有小结"凡十一章""凡廿六章"。日书简约490枚，分五卷。第一卷简长约30.3、宽约0.7厘米，含建除、丛辰、时、牝牡月、吉日等篇。第二卷自题"五行日书"，简长约27.5、宽约0.6厘米，含宿将、日夜、犬罤、时、大小徽等篇。第三卷简长约29.8、宽约0.7厘米，含雷、家、失火三篇。第四卷自题"诘咎"，简长约27.7、宽约0.6厘米，部分内容与睡虎地秦简《日书》甲种《诘》篇接近。第五卷自题"御疾病方"，简长约27.7、宽约0.6厘米，内容为抵御疾病的时间和方法，与择日关系密切。医方简约450枚，另有4件木牍。竹简分两卷。第一卷简长约29、宽约0.6厘米，有目录，分栏记45个方名，皆有编号，内容涉及农业种植、牲畜饲养、巫祝术、病方等，巫术色彩浓厚。第二卷简长约27、宽约0.6厘米，有目录，分栏记30个方名，皆有编号，主要是治疗各种疾病的医方。簿籍简含木简60余枚、木牍

M12 墓坑和椁室盖板
Burial Pit and Wooden Cover of the Outer Coffin of Burial M12

简牍出土情况
Bamboo Slips and Woode Tablets in situ

竹笥
Bamboo Box

揭取竹笥盖后简牍堆放情况
Bamboo Slips and Wooden Tablets after
Taking away the Bamboo Box in situ

2 件。木简长约 22、宽约 1 厘米，内容为物品价值和出入钱的记录。遣册简约 120 枚，长约 23、宽约 0.6 厘米，所记器物大多可与出土器物对应。

"岁纪"是一部史书，为编年类史书编纂体例研究提供了可靠的范本，史学价值独特。从秦昭王元年记起，不涉私人事宜，比睡虎地"编年记"更为详细，汉大事部分书写形式和内容均独具特色。相关内容与传世史籍有同有异，可证史、补史。历、日至简详细列举了汉文帝后元元年（前 163 年）下推 100 年的各年、月、朔、八节、干支，是迄今出土的首部颛顼历长时段阴阳合历历表。历表时代跨度之长，朔日、节气、干支之详尽，前所未见。这是根据汉文帝后元改历之历法推演出的系统历谱。以往出土历日简多为零散或短时段内的历表。此次的发现，为零散历日简的推算与相关墓葬年代的断定提供了检验标准，也为太初改历前的历法制度研究提供了可靠标尺。法律文献简是目前发现数量最多、体系最完备的西汉律典范本，有助于厘清传世文献所载"正律""旁章"的关系。令典为首次发现，有望开启汉令分类、

编辑与令典形成研究的新篇章。律令中首次发现针对蛮夷管理的蛮夷律、蛮夷杂律、蛮夷复除律、蛮夷士律、上郡蛮夷闲律、蛮夷卒令等六种，涉及分封、拜爵、徭役、赋赋、除罪、朝见等诸多事项。秦汉是统一的多民族国家形成与巩固时期，民族团结自此成为中国历史发展的必然趋势。此次蛮夷律令的发现，为这一历史大势提供了法律层面的依据。医方除对致病原因、病症的描述外，还详细记录药物形态、生长环境等。

"岁纪"最后一简记汉文帝前元十六年（前 164 年）大事，"历、日至"第一支简各月、朔日、干支对应的都为汉文帝后元元年。根据出土器物形制，结合竹简记载初步判断 M12 年代为西汉早期，不早于汉文帝后元元年。"岁纪"简内容所记为国家大事，推测墓主可能为"史"一类的官吏。

胡家草场 M12 出土简牍数量大，种类多，年代明确，为秦汉时期历史、政治、法律、民族、礼制、历法、医药、数术的研究提供了新资料。

（供稿：李志芳　蒋鲁敬）

"历"简
Calendar Bamboo
Slips with the
Title "Li"

"日至"简
Calendar Bamboo
Slips with the
Title "Ri Zhi"

"律"简
Law Bamboo
Slips with the
Title "Lü"

"岁纪"简
Calendar Bamboo
Slips with the Title
"Sui Ji"

"旁律甲"简
Law Bamboo Slips with
the Title "Pang Lü Jia"

"旁律乙"简
Law Bamboo Slips with
the Title "Pang Lü yi"

"令"简
Law Bamboo Slips
with the Title "Ling"

"诘咎"简
Law Bamboo Slips with
the Title "Jie Jiu"

漆六博盘
Lacquered *Liu bo* Chessboard

漆厄
Lacquered *Zhi*-wine Vessel

玉具剑
Sword with Jade Decorations

酒具盒
Alcohol Set Container

漆圆盘
Lacquered Round Plate

The Hujiacaochang cemetery is located at the Yueshan Village, Jinan District, Jingzhou City, Hubei Province. The Jingzhou City Museum conducted rescue excavation from October 2018 to March 2019 during which were unearthed 18 burials. The Western Han Dynasty burial M12 has more than 100 pieces of lacquered wares and 4642 bamboo slips and wooden tablets with texts as offerings. According to the typology of the artifacts and the dates written on the bamboo slips, the burial can be dated to the early Western Han Dynasty, and can not be earlier than the first year of the Houyuan reign of Emperor Wen (163 BC). The occupant might have been a secretary officer such like "shi". The bamboo slips are relatively well preserved. Contents of the texts on the bamboo slips include calendars, law documents, the almanac, medical prescriptions, account books and list of offerings. The discoveries are significant for the researches on history, politics, law, ethnography, ritual system, calendar, medicine and magic of the Qin and Han Dynasties.

西安汉长安城
北宫一号建筑遗址

BUILDING GROUP NO.1 IN THE BEIGONG PALACE OF THE HAN CAPITAL CITY CHANG'AN, XI'AN

汉长安城北宫遗址发现于20世纪90年代，位置在直城门大街以北、雍门大街以南、厨城门大街以东、安门大街以西的区域内，南对汉长安城武库遗址，东部与长乐宫相邻，西南与未央宫相望。宫城平面呈长方形，南北长1710、东西宽620米，周长4660米，面积106万平方米。

北宫一号建筑遗址位于今西安市未央区未央宫街道讲武殿村西北，居北宫遗址东南部。经国家文物局批准，2018年11月至2019年7月，中国社会科学院考古研究所汉长安城工作队对一号建筑遗址进行了发掘，揭露出主体建筑1座、附属建筑2组、排水管道7条、渗井5口，另有各时期灰坑32个、土灶10个、水井1口，收集各类遗物780余件及大量动、植物标本。在发掘工作中，坚持科技考古理念，采用多种科技手段，如动物骨骼种属鉴定、人骨性别年龄及死亡原因鉴定、古人食性分析、无人机拍照、三维扫描建模等，以获取更多的遗址信息。

北宫一号建筑遗址由主体建筑及附属建筑两部分组成。

主体建筑F1位于发掘区东部，残存主夯土台及台基外侧的廊道、散水。主夯土台平面呈长方形，东、南部边缘保存较好，东北角及西南角有向外伸出的廊道。主夯土台之上及其边缘部位尚残留11块础石，但无法复原柱网结构。主夯土台南侧及东侧保存部分铺砖廊道及鹅卵石散水，北侧及西侧被后代灰坑及沟破坏。从残存的遗迹测量，廊道宽1.28米，散水宽0.7米，散水以内的建筑台基东西残长31.56、南北宽16.5米。

F1廊道、散水之外为庭院。探方内南部庭院宽约3米，院落内发现一件圆形石磨盘的上半部。东部庭院东西宽6.87米，庭院地面下堆积大量建筑瓦片，推测该建筑在使用期间进行过大规模修葺，并利用废弃的建筑材料垫平地面。

附属建筑位于发掘区西部，与主体建筑之间相隔一条南北向长廊，长廊残长8、残宽2米，其东部被后代的一条长沟破坏。附属建筑大致可分为东、西两组建筑，分别以东部天井和西部院落为中心而建。

东组建筑以天井为中心，包括3座房址（F2、F3、F6）。F2是围绕天井修建的一组南北向长方形建筑，由天井、散水及内、外廊道组成。天井南

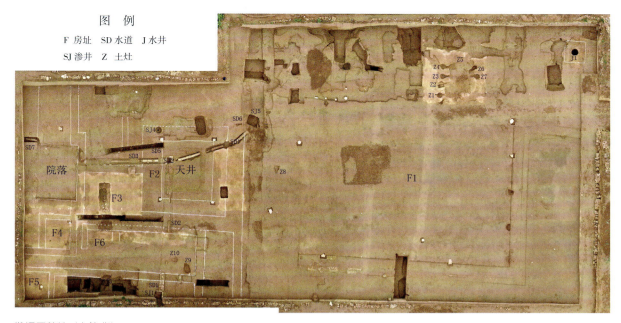

发掘区航拍（上为北）
Aerial Photograph of the Excavation Area (Top is North)

北长 4、东西宽 3 米。天井四周是用瓦片砌筑的散水，南北向长 5.2、东西向长 4.3、宽 0.6 米。散水四围为内廊道，南北向长 7、东西向长 6、宽 0.8 米，内廊道四角各有 1 个础石。外回廊（或廊房）南北向长约 10.4、东西向长 10 米，除西部宽 2.35 米外，其他三面均宽约 1.65 米。F3 位于 F2 西南部，平面呈长方形，土坯铺地，房内东西长 6.85、南北宽 4.9 米，墙基宽 0.7～0.9 米。F6 位于 F3 南侧，平面呈长方形，土坯铺地，房内东西长 3、南北残宽 2.25 米，东、西、北三面墙基宽约 0.7 米，南墙不清。

F6 东部有一个长方形院落，东西长 9.1、南北宽 4.85 米，其北墙、西墙为 F6 的北墙及东墙，其东墙、南墙分别宽 1 米和 0.83 米。

西组建筑以长方形院落为中心南北排列，包括南部的 2 座房址（F4、F5）和北部的廊房建筑。院落以侧立的长条砖砌筑，南北长 6.7、东西宽 5 米。院落地面低于房址地面约 0.2 米。院落西北角有 1 个砖铺水池和 1 条连接水池的排水管道，管道向西通往探方之外。院落西部有 1 条南北向铺砖通道，连接院落及南北建筑，通道长 15、宽 1.4～1.9 米。

F4 平面呈长方形，土坯铺地，房内南北长 3.5、东西宽 2.9 米，四面墙宽约 0.7 米。其北侧有 1 条东西向铺砖踏道，东西长 4.23、南北宽 1.7 米。西侧有 1 个长方形院落或通道，探方内南北长 2.38、东西宽 1.36 米。

F5 位于 F4 南部，西部及南部大部分伸出探方外，探方内的部分平面呈方形，边长 3 米，土坯铺地，东墙及北墙宽约 0.6 米。

院落北部有一长方形建筑，两层地面，后期地面发现 1 块础石，但建筑性质不清，似为廊房式建筑，南北长 6.58、东西宽 4 米。

北宫一号建筑遗址内的其他遗迹包括排水管道、渗井、储藏坑、土灶、水井及晚期建筑遗迹。

排水管道，7 条。均位于西部附属建筑区，其中东西向 4 条、南北向 3 条。根据砌筑材料不同，可分为圆形管道 2 条、五角形管道 4 条、砖砌管道 1 条。这些排水管道有的是在建筑之前作为预埋件铺设的，有的是在建筑使用或废弃后修建的。

水井
Water Well

F1 南侧廊道与散水
Southern Corridor and Apron of Building Foundation F1

发掘区西南角储藏坑
Storage Pits at the Southwestern Corner of the Excavation Area

渗井，5口。均位于西部附属建筑区，与排水管道相连，多数为砖砌长方形水池，雨水及生活用水先行经过沉淀后排出建筑之外。

灰坑，32个。其中西汉早期灰坑3个，位于发掘区西南部，形制规整，四壁抹泥，坑内没有常见的灰土，推测或为存放食物的储藏坑。

土灶，10个。位于主体建筑台基及附属建筑区，由火门、圆形灶室、烟道三部分组成，属于埋锅造饭留下的遗迹，有的成组分布，有的单个存在，有的两个一组，均打破汉代建筑的夯土，时代为十六国北朝时期。

水井，1口。位于发掘区东北部，井口呈圆形，井口周围有方形井台。外口径1.03、内口径0.75米，井壁以瓦片砌筑，井口1.9米以下，井壁坍塌，井壁边缘扩大，清理至4.7米。经钻探了解，由发掘面向下1.7米处有铺砖。

晚期建筑遗迹位于发掘区西北部。该建筑打破主体建筑夯土，为方形半地下建筑，边长2.6、深1.7米。底部有坚实的踩踏面，其上有一层灰烬。出土大量十六国北朝时期的砖瓦残片，尤以板瓦数量最多，部分绳纹砖上带有戳印。

本次发掘共收集各类遗物780余件。包括西汉砖、筒瓦、板瓦、瓦当、排水管道等建筑构件，陶盆、罐、瓮、灯、纺轮等生活用器，西汉半两钱、五铢钱、新莽大泉五十、小泉直一、货泉、布泉、唐代开元通宝等钱币，另有铁钉、铁锸、铜镞及陶弹丸、圆形陶瓦片等。

北宫一号建筑遗址位于北宫东南部，靠近未央、长乐两宫，建筑规模较大，应属北宫内重要的宫殿建筑群。经对主体及附属建筑的解剖，确认夯土中普遍夹杂西汉早期建筑材料，推测建筑应建于西汉中期。在建筑院落内发现新莽钱币，说明该建筑一直使用至新莽时期。上述发现与文献记载相符，即北宫修建于西汉初期，汉武帝时进行了大规模扩建，一直使用到西汉末期。

然而，一号建筑遗址夯土质量较差，主体建筑廊道、散水不宽，础石不大，附属建筑地面铺土坯，少见西汉中晚期宫殿建筑常用的文字瓦当，与汉长安城内其他宫殿相比，建筑等级较低，这可能主要与其为安置被废皇后及嫔妃的宫城有关。西汉早期的惠帝皇后张嫣、中晚期的成帝皇后赵飞燕等都被黜寡居于此宫。

十六国北朝时期的建筑遗址、土灶或与军事活动有关。

此次发掘为认识北宫的营建历史、形制布局、建筑特征与等级、沿革情况以及保存现状等提供了重要资料，也为下一步考古工作奠定了基础。

（供稿：徐龙国　刘振东　张建锋　陈徐玮）

F2 散水
Apron of Building Foundation F2

F3 土坯地面
Adobe-paved Floor of Building Foundation F3

F2 散水西北角渗井
Seepage Well at the Northwestern Corner of the
Apron of Building Foundation F2

附属西组建筑院落西北部水道
Drainage Ditch to the Northwest of the Compound
of the Western Attached Buildings

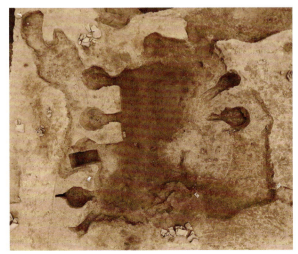

土灶（Z1～Z7）
Earth Hearths (Z1-Z7)

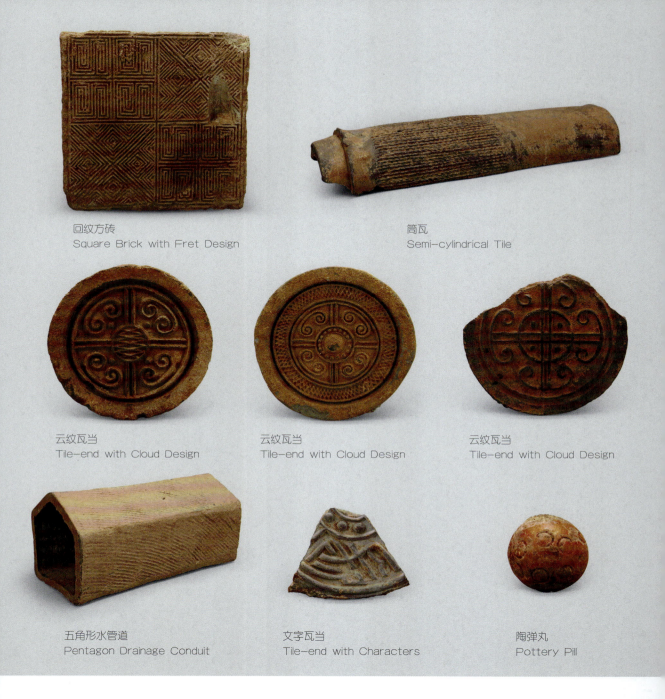

回纹方砖
Square Brick with Fret Design

筒瓦
Semi-cylindrical Tile

云纹瓦当
Tile-end with Cloud Design

云纹瓦当
Tile-end with Cloud Design

云纹瓦当
Tile-end with Cloud Design

五角形水管道
Pentagon Drainage Conduit

文字瓦当
Tile-end with Characters

陶弹丸
Pottery Pill

In November 2018, the Han capital city Chang'an working team of the Institute of Archaeology, Chinese Academy of Social Sciences conducted excavation at the building group No.1 in the southeast of the Beigong palace. Within the 1905 sq m exposed area were unearthed one main building, 2 groups of attached buildings, 7 drainage ditches, 5 seepage wells, more than 780 pieces of artifacts and a large amount of animal and plant remains. The discoveries indicate that building group No.1 had been constructed in the middle Western Han Dynasty and continued till the Wang Mang period. The building group is close to the Weiyang and Changle palaces, and might have been an important part of the Beigong palace. The discoveries are enlightening for understanding the characteristics, plan, construction history of the Beigong palace as well as the local history in that area.

西安长安区
北里王汉代积沙墓

SAND-FILLED TOMBS OF THE HAN DYNASTY AT
BEILIWANG VILLAGE IN CHANG'AN DISTRICT, XI'AN

为配合基本建设，2018 年 6 ~ 12 月，西安市文物保护考古研究院对西安市长安区韦曲街道北里王村北侧施工涉及范围内发现的两座汉代墓葬（编号 M1、M2）进行了抢救性发掘。墓葬地处凤栖原北麓，西北距汉长安城遗址 14.1 公里，东距汉宣帝杜陵 6.3 公里，南距西汉张安世家族墓 2.3 公里。两座墓均为大型"甲"字形积沙墓，出土釉陶器、铜器、铁器、玉石器等各类器物共 200 余件（组）。

发掘前，墓葬所在区域大部分原始地面已被下挖 4.5 米，仅 M1 墓道上部区域尚存部分原地表，

两座墓葬墓道东部已被破坏不存，墓圹内积沙也已全面暴露。在 M1 墓道东部上方发现灰坑 1 个，内有大量绳纹板瓦、筒瓦、云纹瓦当残片和铜柿蒂饰、铜镞等，推测原地表或有与墓葬相关的地面建筑类遗迹。

两座墓葬墓圹后壁平齐，坐西朝东，并列分布，方向均为 95°。其中，M1 位于北侧，由斜坡墓道、甬道、墓圹和砖椁四部分组成。墓道位于墓葬东部，残长 28.7 米，分敞口墓道和砖券墓道两部分。敞口墓道东部已被破坏，残存部分东窄西宽，平面呈梯形，残长 5.5 米。砖券墓道为

土洞砖券结构，长 23.2 米，东口距地表 5、高 1.8 米，西口距地表 10.5 米，墓道西端有四层砖封门。墓道和砖椁之间有甬道，甬道分砖券甬道和木结构甬道两部分。砖券甬道为土洞砖券结构，紧接砖券墓道，长 3.4 米。木结构甬道由两端方木和横向木板构成，剖面呈"门"字形，木板内壁涂朱砂，连接砖券甬道和砖椁，长 2.34 米。

M1 墓圹上部已被破坏不存，残存部分为竖穴结构，平面呈长方形，开口东西长 13.4、南北宽 11.6 米，口大底小，四壁可见两级二层台，现存深度 9.5 米，原深应约 14 米。第二级二层台以上四壁壁面光滑、平整，放坡较大，东北、西北角有对称分布的脚窝，第二级二层台以下四壁近乎竖直，壁面未经修整，较为粗糙。墓内填满积沙，墓圹四角有回填墓室倾倒积沙所形成的辐射状冲击痕。墓圹南部与第二级二层台平齐处置有一横排墓砖，北接砖椁，南至二层台，似为修建砖椁所余。

墓圹现口下 3 米处正中出现砖拱椁室，砖椁东西长 5.3、南北宽 3.56、高 3.8 米，由基础、立壁和券顶三部分构成，均以磨制砖砌成。基础建在距墓圹底 2.5 米处的积沙上，为 12 层砖错缝砌成长方形台状，高 1 米。立壁和券顶分内、外两层，内层由 2 层砖砌成，外层由 4 层砖砌成。砖椁西端有 3 层砖封底，东端有单层砖封门，东侧封门外壁与木结构甬道内壁相同，亦涂朱砂。椁室内长 3.5、宽 1.4、高 1.68 米。砖椁外与椁内底平齐处积沙中有大量磨砖所形成的粉末，推测砖椁建筑成型后外壁经过找平与打磨。

M1 砖椁内随葬器物几乎被盗掘一空，仅存残陶片和铁棺钉数十枚及大小铜钱百余枚。其他随葬器物主要出土于甬道内，包括釉陶壶、樽、罐、鼎，原始瓷壶，铜熏炉、盆、车马器等 30 余件（组）。在砖椁封门东侧出土一块墨书砖，铭曰"此五十二宜春侯椁徐□"，为该墓墓主身份的判定提供了重要参考。

M2 位于南侧，由斜坡墓道、长方形墓圹和墓道两侧 4 个耳室组成。斜坡墓道平面呈梯形，

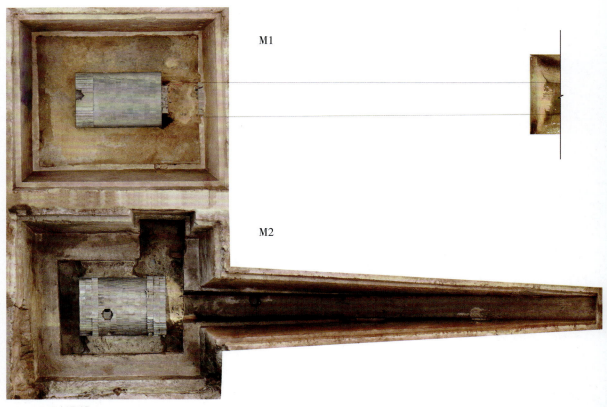

M1、M2 正射影像
Orthophoto of Tombs M1 and M2

M1 砖券墓道（东—西）
Brick Arch Roof Passage of Tomb M1 (E—W)

M1 砖椁东封门及木结构甬道（东—西）
Corridor with Wooden Framework and the Eastern Entrance-sealing Wall of the Brick Outer Coffin of Tomb M1 (E—W)

M1 木结构甬道南侧木板残存情况（北—南）
Remained Wood Plat of the Southern Part of the Wooden Framework Corridor of Tomb M1 (N—S)

M1 砖券甬道西部器物出土情况（西—东）
Artifacts in the Western of the Brick Arch Roof Corridor of Tomb M1 in situ (W—E)

M1 砖椁结构（东—西）
Structure of the Brick Outer Coffin of Tomb M1 (E—W)

两壁各有两级二层台，东端被破坏不存，残长25.9、东宽1.8、西宽4.7米，墓道西端底部距现地表6米。墓道内填五花夯土，为平头小圆夯平层夯筑。墓圹为竖穴土坑结构，平面近方形，口大底小，有两级二层台，东西长12.8、南北宽12.1米。墓圹现口下3米处正中为砖拱椁室，砖椁与墓圹四周距离相等，均为1.15米。砖椁东西长5.3、总高3.94米，东、西两端各有三排砖封门。

基础为12层砖错缝砌成长方形台状，高1.08米，底距墓圹底1米。立壁和券顶亦分为内、外两层，外层由普通条砖与楔形砖砌成，内层则全部为磨制砖，内壁遍涂朱砂。砖椁内东西长3、南北宽1.4、高1.66米，其内见有红地白彩彩绘木棺残片。在砖椁东端的南北两侧与墓道之间有木板痕，仅有两侧立板，无上盖板，板痕西接砖椁外壁，东至墓圹东壁，上至砖椁起券处，下与椁室底齐。

M1 出土釉陶壶
Glazed Pottery Pot
Unearthed from
Tomb M1

M2 出土釉陶壶
Glazed Pottery Pot
Unearthed from
Tomb M2

M2 出土釉陶鼎
Glazed Pottery Ding-tripod
Unearthed from Tomb M2

M2 出土釉陶盆
Glazed Pottery Basin Unearthed
from Tomb M2

此墓墓道的南北两侧各有 2 个耳室，耳室底与墓道底平齐，均为长方形拱顶土洞结构，有铺地砖和砖砌封门。

M2 砖椁内经多次盗扰，盗洞内出土铁剑、铜镜等，砖椁内出土玉鼻塞、玉肛塞、大小五铢钱、铜剑格、铁棺钉等。耳室中有 3 个出土随葬器物。北侧东耳室内随葬模型车马器，南部铺地砖下有一南北向长方形坑，内置牛、羊、猪、狗骨。北侧西耳室形制较小，其内仅见少量黑色漆器残片，推测原或放置有漆木箱类器物。南侧东耳室出土釉陶壶、罐、鼎、盆等随葬器物 80 余件。南侧西耳室出土小型铜戈、铁剑等兵器模型及铜模型车马器和骨签、铁环等。

M1、M2 墓圹之间有一拱顶土洞，洞长 3.1、宽 1.1、高 1.8 米，内填五花土。其北口下方稍打破 M1 第二级二层台，在回填后经过仔细修整，外面光滑，南口下部填五花土，壁面未经修整，上部用条砖封填。

根据两座墓葬中间的通道观察，M1、M2 应为同时建造。两墓均出土大量釉陶器和大小五铢钱。其中，M1 出土釉陶器器形较大，釉面呈墨绿色，M2 出土釉陶器器形稍小，釉面呈黄绿色，大部分器形装饰有斗兽、四神、射猎、山峦等题材的模印图案，这类器物主要流行于西汉晚期至新莽时期的西安地区墓葬中。两墓出土铜钱仅有五铢，未见新莽时期钱币。因此，这两座墓葬的时代应为西汉晚期。

据文献记载，西汉时期受封为"宜春侯"者有卫青长子卫伉、长沙定王刘发之子成、汉昭帝时期丞相王䜣共 3 人。其中王氏宜春侯传国年代与墓葬时代最为接近，其始封时封邑仅 808 户，后受益于参与废黜刘贺拥立宣帝的政治事件，加封 300 户，后坐法被削 500 户，封邑仅存 608 户。至孝侯王咸时期，因其女为王莽妻，王莽篡位后，"宜春氏以外戚宠"。结合墓葬规模、营造精美程度等因素，推测这两座墓或为宜春孝侯王咸夫妇或釐侯王章夫妇合葬墓。

本次发掘的两座墓葬规模大、等级高、建造精细，墓主信息较为明确，代表了当时较高的建筑工艺水平，反映了墓主较高的政治地位和经济实力，蕴含西汉晚期长安城内政治、经济、丧葬文化等多方面信息，是研究西汉晚期高等级墓葬葬制葬俗的重要材料。两座墓葬发掘过程中发现的与营造相关的诸多细节，为研究与复原汉代积沙墓的建造程序与防盗技术等提供了一定依据。

（供稿：朱连华　王艳朋）

M1 出土 "宜春侯" 墨书砖
Brick with Ink Writing "Yichun Hou" Unearthed from Tomb M1

M2 砖椁东南侧木板痕迹（北—南）
Remains of Wood Plat in the Southeast of the Brick Outer Coffin of Tomb M2 (N-S)

M2 砖椁内部情况（东—西）
View inside the Brick Outer Coffin of Tomb M2 (E-W)

M2 墓道南侧东耳室器物出土情况
Artifacts in the East Wing Chamber to the South of the Passage of Tomb M2 in situ

From June to December 2018, the Xi'an Muicipal Institute of Cultural Heritage Conservation and Archaeology conducted rescue excavation of two tombs of the Han Dynasty located to the north of the Beiliwang Village, Weiqu Community, Chang'an District, Xi'an City. The pits of the two tombs are all in the shape of Chinese character " 甲 " and had been intentionally filled with sand. Both of the pits are facing to the east and their back walls are in the same line. Their chambers are connected by a tunnel, indicating that they were dug at the same time.

Although the tombs had been looted, there are still more than 200 pieces (sets) offerings of glazed pottery wares, bronze vessels, iron objects, and jade and stone objects. The artifacts exhibit the style of late Western Han Dynasty, giving the possibility that the occupants of the tombs might be Yichun Xiao Duke Wang Xian and his wife or the Yichun Li Duke Wang Zhang and his wife. The discoveries are significant for the researches on high status burial rites and burial construction techniques in the late Western Han Dynasty.

西安灞桥区
栗家村汉墓

LIJIACUN CEMETERY OF THE HAN DYNASTY IN BAQIAO DISTRICT, XI'AN

栗家村汉墓位于西安市灞桥区狄寨街道栗家村西侧、水安路南侧，地处白鹿原西北麓的二塬子上。墓地东距薄太后南陵 2.8 公里，距江村大墓 3.8 公里，西北距汉长安城遗址 17 公里。为配合基本建设，自 2018 年 3 月起，西安市文物保护考古研究院对该墓地进行了抢救性发掘，截至目前，田野工作已基本结束，共清理小型墓葬 23 座、大中型墓葬 4 座，M1 外藏椁打包提取和墓地周边区域的田野调查勘探工作还在继续。

23 座小型墓葬位于项目用地的东南部区域，墓葬形制可分为竖穴土坑墓、竖穴墓道土洞墓、斜坡墓道土洞墓三类。竖穴土坑墓共 3 座，墓坑平面均呈长方形，葬具为木棺，葬式为仰身直肢，人骨腐朽较为严重，出土陶鼎、盒等礼器组合和陶缶、罐等。竖穴墓道土洞墓共 13 座，竖穴墓道宽度与墓室宽度相近，长方形土洞墓室有木板封门痕迹，葬具为一棺一椁或单棺，葬式可见者为仰身直肢，随葬器物有陶鼎、盒、钫的礼器组合和陶灶、囷等模型明器及陶罐、缶等，出土钱币均为半两钱。斜坡墓道土洞墓共 7 座，墓道一般较长，坡度较小，部分墓葬墓室与墓道之间有天井，出土器物有陶鼎、盒、钫、壶、方缸、灶及铜盆、铛、镜等，除少数墓葬见五铢钱外，多数墓葬所出均为半两钱，其中 M21 出土铜铛上有"襄城家铜铛容三升重九斤"铭，为墓主的判断提供了一定依据。这批小型汉墓时代当为西汉早中期，其形制特征、随葬器物组合与白鹿原地区同时期其他墓葬相似，具有一定区域特色，为西安地区汉代墓葬研究提供了新资料。

4 座大中型墓葬位于项目用地西部，排列较为规律，均为斜坡墓道土坑墓，坐西朝东，方向约 120°，与江村大墓东墓道方向相近。四座墓葬两两一组，呈南北向一字排开。

M1 规模最大，位于最北端，平面呈"甲"字形，由墓道、外藏椁、耳室、墓室构成，全长 54 米。外藏椁位于墓道中部偏西，木椁箱结构，内

M21 出土铜铛
Bronze *Xuan*-vessel Unearthed from Tomb M21

大中型墓（M1～M4）全景
Full-view of the Four Large and Middle Size Tombs (M1–M4)

有四套相对完整的模型车马器件组合。两个耳室位于墓道西部的南北两侧，耳室底部高于墓道底约1米，土洞结构，其内填满坍塌土，无随葬器物。墓室口大底小，口东西长20、南北宽18米，四壁由上至下整齐规律地分布8层"之"字形台阶，逐次收分，台阶上有较厚的踩踏层和炭屑，应在墓葬营建过程中起上土下料之功用。葬具为多椁箱结构，由东侧箱、南北边箱及棺箱组成，木椁上下及四周填满积炭。椁室被盗扰严重，玉衣片、陶俑碎片布满整个椁箱，椁室内出土器物200余件（组）。东侧箱出土陶质乐队一组，排列整齐，未被扰乱，种类有舞女俑、伎乐俑、编钟、编磬、钟虡、磬虡等；在乐队北侧有陶鼎、盒、壶等礼器和铜镜、铁三足炉等，南侧有铜车马器数件。北边箱有陶饼、俑等，南边箱有陶方仓、灶、罐、俑及漆器和"庐江邸印""□郫家丞"字样的封泥近10枚。棺箱内棺木痕迹已不可寻，出土铜弦枘、铜琴轸、铜琴轸钥、玉握、玉琀、玉衣片、煤晶饰、金饰、骨饰等。经修复，M1出土陶俑有文官俑、侍女俑、伎乐俑、舞女俑四类，共40余

件，均为塑衣式俑，高46～48厘米。

M2紧邻M1，平面呈"甲"字形，由墓道、甬道、耳室和墓室四部分构成，全长43.5米。墓道和墓室上部有一层台阶，下壁较直。墓道平面呈梯形，上口长25、宽2.3～6.3米。甬道为平顶土洞结构，斜坡底，南北两侧各有一耳室。耳室亦为平顶土洞结构，内有木椁箱，北耳室出土彩绘陶壶、盒、鼎和陶方仓、铜车马器等，南耳室出土陶猪和铜模型兵器。墓室为长方形竖穴土坑，上口长12.2、宽9米，底长7.2、宽3.8米，墓底距现地表13.6米。葬具可见木椁，椁室被盗扰严重，形制不可辨。墓室东部墓门处出土铁质铺首衔环2件，推测椁箱原应有木门。墓室西部出土铜壶、铜半两钱、铁剑等。此墓两耳室和墓室内共出土器物60余件（组），主要有彩绘陶鼎、盒、壶和陶方仓及铜壶、盆、弩机、琴轸、半两钱、车马器、模型兵器，还有铁剑、骨马镳等。

M3、M4位于M2南侧约70米处。M3位于南侧，平面呈"甲"字形，由墓道、甬道和墓室

M21 墓室
Chamber of Tomb M21

M1 外藏椁
Outer Storage Box of Tomb M1

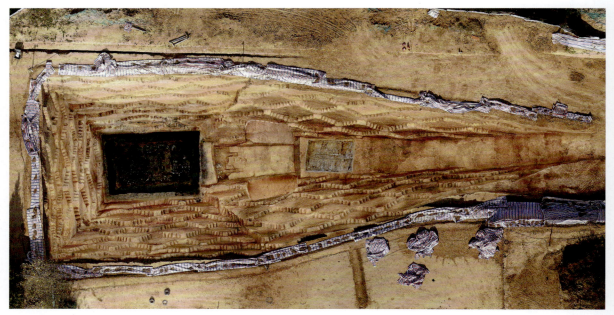

M1 全景
Full-view of Tomb M1

三部分构成，全长 25.7 米。墓道上口长 14.8 米，中部被 M4 墓室打破。甬道为斜坡土洞结构，内有木椁箱结构的外藏椁，椁内可见漆器残痕、骨饰、铜铃等。墓室为长方形竖穴土坑结构，上口长 8.5、宽 4.8 米，墓底距现地表 10.4 米。葬具可见木椁，因被盗扰严重，椁室内结构不明。此墓出土器物共 40 余件（组），包括陶瓮、陶缶、陶盆、铜镜、铜带钩、铜弩机、铜车马器、铜印章、铁削、玉猪、石器、骨饰等，其中陶缶肩部刻划"卫氏"二字，铜印章为双面绶带印，印文有"董厌虤"和"臣厌虤"两种。

M4 平面呈 L 形，由墓道、过洞、天井、甬道、墓室五部分构成，全长 42.7 米。过洞、甬道均为平顶土洞结构，斜坡底。甬道内有木椁箱结构的外藏椁，椁内有陶缶、罐、方缸及云纹瓦当等，其中陶缶肩部刻划"南鱼"二字。墓室为南北向长方形竖穴土坑结构，有三级二层台，葬具可见一椁一棺，木椁由北侧箱、东西边箱和棺箱组成。此墓出土器物共 80 余件（组），包括陶罐、方缸、饼和铜鼎、壶、钫、瓿、提梁壶、染炉、耳杯、釜、灯、盆、矛、镜、车马器、半两钱、酒令钱及铁削、玉玲、玉鼻塞等。

此外，在 M2 南约 50 米处发现一条东西向沟，沟内边缘凹凸不平，不似人工开挖遗迹，但沟内填土明显分为两部分，北半部填五花土，南半部填夯土，夯层均匀，厚约 0.1 米，填土内可见红色夹砂陶片、绳纹板瓦残片等。我们在 4 座大墓周边进行了系统勘探和调查，在 M1 西侧约 50 米处发现有南北向条形夯土遗迹，这些是否为 M1、M2 墓园的相关地面建筑遗迹，还需要进一步工作。

从这 4 座大中型墓葬的形制、出土器物等方面综合考虑，其时代应为西汉早期。虽然就墓内出土的文字信息难以判断墓主的具体身份，但从 M1 的规模及其出土的 2200 余枚玉衣片，大量侍女俑、文官俑，由伎乐俑、舞女俑、编钟、编磬组成的完整乐队，以及带有"家丞"字样的封泥等分析，其墓主身份应不低于列侯级，根据其所处位置及周边大型墓葬分布情况分析，这 4 座墓应属霸陵陪葬墓。它们的发掘对于了解霸陵陵区的构成及陪葬墓的葬制具有重要意义，是研究西汉早中期高等级墓葬的重要材料。

（供稿：朱连华　郭昕）

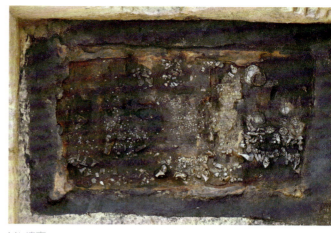

M1 椁室
Outer Coffin of Tomb M1

M1 椁室东侧箱南部器物出土情况（南—北）
Artifacts in the South of the Eastern Side Chamber inside the Outer Coffin of Tomb M1 in situ (S–N)

M1 椁室西部器物出土情况
Artifacts in the West of the Outer Coffin of Tomb M1 in situ

M1 出土封泥（庐江邸印）
Clay Seal Unearthed from Tomb M1 (with "Lujiangdi Yin" Inscription)

M1 出土陶文官俑
Pottery Civil Official Figurine Unearthed from Tomb M1

M1 出土陶侍女俑
Pottery Female Servant Figurine Unearthed from Tomb M1

M1 出土陶侍女俑
Pottery Female Servant Figurine Unearthed from Tomb M1

M1 出土封泥（□郤家丞）
Clay Seal Unearthed from Tomb M1 (with "□ xi Jiacheng" Inscription)

M1 出土陶伎乐俑
Pottery Musician Figurine Unearthed from Tomb M1

M3 出土陶缶（卫氏）
Pottery *Fou*-wine Vessel Unearthed from Tomb M3 (with "Weishi" Inscription)

M4 出土陶缶（南鱼）
Pottery *Fou*-wine Vessel Unearthed from Tomb M4 (with "Nanyu" Inscription)

M2 出土彩绘陶壶
Color-painted Pottery Pot Unearthed from Tomb M2

M1 出土陶甬钟
Pottery *Yong*-bell Unearthed from Tomb M1

M1 出土陶钟虡
Pottery Bell Seat Unearthed from Tomb M1

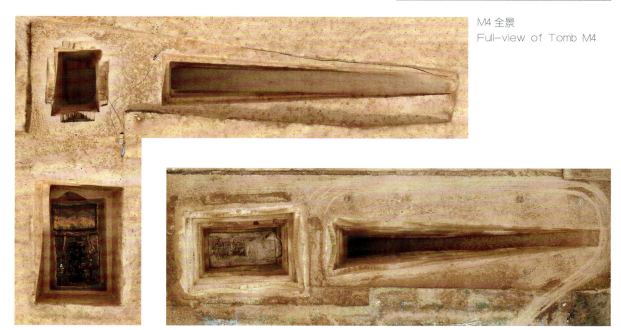

M4 全景
Full-view of Tomb M4

M2 全景
Full-view of Tomb M2

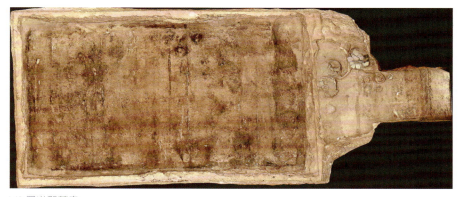

M3 甬道和墓室
Corridor and Chamber of Tomb M3

The Lijiacun cemetery is located to the west of the Lijiacun Village, Dizhai Community, Baqiao District, Xi'an City. It is 2800 m to the west of the Southern Mausoleum of the emperor mother Bo and 3800 m to the Jiangcun Huge Tomb. The Xi'an Muicipal Institute of Cultural Heritage Conservation and Archaeology conducted excavation from March 2018 during which were unearthed 23 small size tombs and 4 large and middle size tombs. The large and middle size tombs are relatively regular in arrangement, and all have a shaft with slop passage facing about 120 degree to the southeast. They stay in a line in two groups, with two tombs in each group. According to the structure and artifacts styles, the four tombs can be dated to the early Western Han Dynasty and probably the accompany tombs of the Baling Mausoleum. The status of the occupant of tomb M1 is at least as high as the duke. The discoveries are important for the understanding of the contents of the Baling Mausoleum district and its accompany burial system, as well as the elite funeral rites of the early and middle Western Han Dynasty.

江西赣江新区

七星堆六朝墓群

QIXINGDUI CEMETERY OF THE SIX DYNASTIES IN GANJIANGXINQU DISTRICT, JIANGXI

七星堆六朝墓群位于江西省赣江新区经开组团白水湖管理处南坊村，地处儒乐湖以南、赣江以西。该墓群发现于2013年6月，江西省文物考古研究院随后对该区域开展了调查、勘探，发现古墓葬45座，墓葬密集分布区面积约5000平方米，这是江西近年来发现的规模最大的六朝古墓群。

为配合基本建设，江西省文物考古研究院于2018年开始对七星堆六朝墓群进行抢救性发掘。发掘分为A、B、C三区。A、B区位于南坊村东约750米，东距赣江约500米，地处2013年调查、勘探的墓葬密集分布区；C区位于桃花埠自然村及其北侧岗地，核心区域在A区东南约800米，东距赣江约200米。2018年8～12月，基本完成A区发掘，发掘面积3300平方米，发现墓葬22座，其中东汉墓4座、六朝墓16座、明清墓2座，发现排水沟7条，出土瓷器、陶器、金属器、石器等近200件。2019年4～12月，基本完成C区发掘，发掘面积3000平方米，发现六朝墓51座，出土瓷器、陶器、金属器、石器等500余件。B区尚未发掘。

A、C区发掘的六朝墓均为砖室墓，规模庞大，形制多样，有横前堂、券顶、穹隆顶等。在一处墓群中同时发现多种墓葬形制且墓葬规模庞大，在江西省属首次发现，在全国同时期的墓群中亦属罕见。墓砖纹饰以网钱纹为主，亦见有兽面纹，部分墓砖上有铭文，如A区M5墓砖上有"王""十"，M3封门砖上有"周侯"，M2甬道和后室墓砖上有"豫章海昏中郎周遵字公先""周中郎"，C区M31内墓砖上有"甘露元年"纪年等。

A区16座六朝墓分布规律，墓与墓之间未见打破迹象，呈东西向"一"字排开，墓道朝向一致。各墓排水沟规划有序，与墓葬相互衔接，沟与沟间有明显的打破连接迹象，构成复杂的地下排水系统。由此推测，此区应是一处家族墓地。结合此区M3封门砖上发现的"周侯"铭文和M2甬道墓砖上的"豫章海昏中郎周遵字公先"铭文，并参考该墓地的墓葬形制，判断此处应是六朝时期周氏家族墓地。同时，根据墓葬形制、规格及在墓地中的排列分析，M2应不是该墓地的第一代墓主，第一代墓主应为M5，M2墓主明确官职为"中郎"，而M5规格亦不低，故此墓地的墓主应是六朝时期的江州世族或地方豪强。此外，M5墓道前约50米处临近排水沟位置发现有大量建筑废弃物（筒瓦、瓦当、碎砖等），推测此墓地墓道前方与排水沟之间应存在墓园建筑，此处应为一处墓园。

七星堆六朝墓群目前出土器物700余件，质地包括瓷器、陶器、金属器、石器等，按用途可分为模型明器、日用器、陪葬俑、武器等。其中，瓷器有盘口壶、钵、罐、盏、谷仓、灶、水井、畜禽模型、坞堡等，多为洪州窑产品，亦见有湘阴窑、越窑的产品；陶器有壶、罐、熏炉、灶、擂钵、灯台等，还发现有与墓葬墓园建筑相关的板瓦、筒瓦、兽面纹瓦当等；金属器有盆、镣斗、熨斗、镜、钗、镯、戒指、弩机等；石器有黛板、臼等。

出土瓷器中，湖南湘阴窑的产品主要是模型明器，如坞堡、胡人俑、畜禽等，再现了墓主生前的生活场景；浙江越窑的产品主要是小件日用器，胎釉结合好，制作精致；江西洪州窑的产品主要以日用器为主，亦见有模型明器。在七星堆六朝墓群中同时出现三个窑口的产品且产品功能清晰，充分证明了六朝时期长江中下游地区商贸活跃、手工业分工精细、船运发达，为海上丝绸之路的发展、繁荣奠定了基础。

七星堆六朝墓群发掘的价值与意义主要有以下五点。

首先，七星堆六朝墓群是目前国内罕见的保存较好的大型六朝墓群，是我国六朝考古的重大发现。南京、马鞍山、南昌、九江等地均多次发现六朝墓群，但目前保存下来的大型六朝墓群并不多，主要以马鞍山东吴朱然家族墓地为代表。朱然家族墓地共4座墓，其中朱然墓最大，长8.7、宽3.54米。七星堆六朝墓群A区16座六朝墓中，长9～11、宽约3米的墓葬有8座，其中第一代墓主墓M5墓室主体长13.8、宽5.25～8.7米，墓道和排水沟残长24米，墓葬规制较高。

其次，七星堆六朝墓群A区为江西地区首次完整揭露的六朝家族墓地，是国内罕见的东吴周氏世族墓园。此区墓葬布局和形制证实了因战乱而大批南迁的北人和本地土著居民之间的文化交流与融合，对研究中国早期客家民系、六朝时期南方经济大开发与商贸大繁荣有重要意义。

第三，七星堆六朝墓群既是六朝移民"北人南迁"的历史见证，又是古豫章郡政治、经济、战略地位显著提高的历史见证。

第四，七星堆六朝墓群出土器物丰富，陶瓷器来源广泛，窑口涉及湖南湘阴窑、江西洪州窑、

A区全景
Full-view of Area A

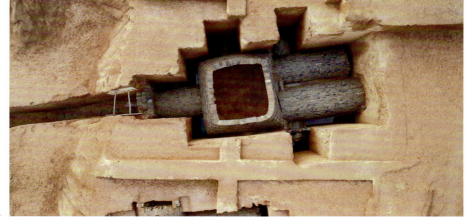
A区M5
Tomb M5 in Area A

A 区 M2 "豫章海昏中郎周遵字公先" 铭文砖
Brick with "Yuzhang Haihun Zhonglang Zhou Zun Zi Gongxian" Inscription in Tomb M2 in Area A

A 区墓葬排水沟叠压关系（M9 → M6）
Stratigraphy of the Drainage Ditchs of Tombs in Area A（M9 → M6）

A 区 M3 "周侯" 铭文砖
Brick with "Zhou Hou" Inscription in Tomb M3 in Area A

浙江越窑等，充分展示了孙吴时期海上丝绸之路、海上贸易的繁荣，是海上丝绸之路发展期形成的缩影，对海上丝绸之路的研究有重要意义。

第五，七星堆六朝墓群为六朝时期东亚文化交流发展进程研究提供了重要资料。六朝时期中国文化向海东各国流传，朝鲜半岛的高句丽、新罗和百济三国都曾遣使与六朝通贡交往，在高句丽、新罗、百济该时期的古文化遗址中，常常发现洪州窑、越窑等窑口的瓷器。日本古坟时代或经由其盟国百济接纳中国文化，如《日本书纪》记载：倭王武时期，从百济引进了"陶部""鞍部""画部""锦部"等各种工匠，或直接接纳中国文化，如制镜技术的引进等。朝鲜半岛和日本的文明进程在六朝时期有着质的飞跃，七星堆六朝墓群作为六朝时期的重要发现，其丰富而翔实的实物资料可以与东亚其他各国进行比较，对研究东亚文化交流发展进程具有重要意义。

（供稿：赖祖龙　吴通）

青釉双系罐
Celadon-glazed Porcelain
Double-looped Jar

青釉镇墓兽
Celadon-glazed Porcelain
Burial Guardian Monster

青釉镇墓兽（长舌俑）
Celadon-glazed Porcelain Burial
Guardian Monster (with Long
Tongue)

青釉俑
Celadon-glazed Porcelain
Figurine

陶胡人俑
Pottery Hu-image
Figurine

陶骑马俑
Pottery Horse-riding
Figurine

铜镜
Bronze Mirror

铜镜
Bronze Mirror

兽面瓦当
Tile-end with Animal
Mask Design

青釉坞堡模型
Celadon-glazed Porcelain
Model Castle

青釉仓、井、灶组合
Celadon-glazed Porcelain
Granary, Water Well and Stove

越窑青釉瓷器
Celadon-glazed Porcelain
Wares Made in Yue Kiln

青釉鹦鹉杯
Celadon-glazed
Porcelain Parrot-
shaped Cups

铜鐎斗
Bronze *Jiaodou*-wine Warmer

铜弩机
Bronze Crossbow

"甘露元年"铭文砖
Brick with "Ganlu Yuanian
(the First Year of Ganlu
Reign)" Inscription

The Qixingdui cemetery of the Six Dynasties is located at the Nanfang Village, Tuanbaishui Lake Administration, Ganjiangxinqu District, Jiangxi Province. It is to the south of the Rule Lake on the western bank of the Ganjiang River. In 2018-2019, the Jiangxi Provincial Institute of Cultural Relics and Archaeology conducted two rescue excavations and unearthed 73 tombs. Most of them are tombs of the Six Dynasties and various in structure, big in size and high in status. More than 700 pieces of artifacts have been found, including porcelains, pottery wares, metal objects and stone objects. The 2018 excavation at area A found 16 tombs with brick chamber. They are regularly arranged with a complete drainage system. Evidence of cemetery yard was also found. According to the inscriptions on bricks and tomb structure, the cemetery might have been a high status bury ground of the Zhou family, an distinguish clan of the Eastern Wu State.

广东广州
横枝岗古墓群

HENGZHIGANG CEMETERY IN GUANGZHOU, GUANGDONG

横枝岗位于广东广州古城区东北、白云山南面。2019 年 7～12 月，为配合基本建设，广州市文物考古研究院对横枝岗西侧、麓湖东侧山岗上的项目涉及范围进行了考古调查勘探，抢救性发掘了 59 座古代墓葬，其中汉墓 12 座、晋南朝墓 13 座、唐墓 2 座、宋墓 1 座、明墓 5 座、清墓 26 座，出土陶器、铜器、铁器、滑石器、珠饰等各类器物 500 余件（套）。

此次发现的古墓葬分布密集，晚期墓葬打破早期墓葬的现象频繁。已经清理的 59 座古墓葬中，汉墓和晋南朝墓分布集中、数量多、规模大。

汉墓均为竖穴土坑木椁墓，时代从西汉晚期到东汉。墓室内棺椁不存，但随葬器物丰富，以陶器为主，此外还有铜剑、铜镜和铜钱等。其中，M27、M28 规模较大且并列排布，可能是夫妇合葬墓。

M27 为斜坡墓道带横前室竖穴木椁墓，墓坑平面呈 T 形，方向 268°。墓道位于前室前中部，平面近长方形，略向南弧曲，宽约 1.6 米，高于前室底 0.8 米处起斜坡，坡度 13°。墓道后接横长方形前室。后室平面呈纵长方形，底部有 3 条枕沟，两纵一横，纵向枕沟位于两侧坑壁处，横向枕沟位于后壁处。在清理后室填土时发现已朽棺痕，位于器物上部，而器物遍布整个后室，故

推测后室为双层，上层放棺，下层放置随葬器物。后室底部低于前室底部 0.2 米。墓内随葬陶器、铜器、铁器及滑石器等 90 余件（套），其中陶仓、灶、井、屋等模型明器具有岭南地方特色。此外，还有铜剑、铁戈、铁匕首等反映墓主身份的器物。

M28 为假双层分室竖穴木椁墓，墓坑平面呈长方形，方向 266°。墓道位于前室前中部，平面近长梯形，宽约 1.5 米，高于前室底 0.7 米处起斜坡，坡度 20°。墓道后接横长方形前室。后室平面呈纵长方形，底部有 3 条枕沟，两纵一横，纵向枕沟紧邻两侧壁，横向枕沟靠近后壁。后室底部高于前室底部 0.44 米。墓内随葬陶器、钱币、珠饰等 54 件（套）。其中珠饰由 260 颗水晶、玛瑙、玉髓等质地的珠子、管饰组成，尤以一颗狮形玛瑙造型精美。

根据墓葬形制和随葬器物推断，M27、M28 的年代为东汉早期，是本次发掘规模最大的汉代墓葬。

晋南朝时期墓葬普遍规模较大，砌筑讲究，墓砖纹饰规整，虽多被盗扰，仍留下了一批青釉瓷器和滑石猪等器物。

M29 规模最大，结构较完整。此墓为长方形券顶砖室墓，方向 323°。墓圹填土内有石块及卵石，厚约 0.5 米，推测为防盗之用。墓坑长 8.46、宽 2.46、残深约 3 米。墓道位于墓坑前中部，宽

M27、M28
Burials M27 and M28

M29
Burial M29

M6
Burial M6

约 1.4 米，坡度 25°。封门三重，封砌于甬道侧壁内。甬道平面呈纵长方形，双层券顶，上层券与前室、后室券顶平齐，下层券是在上层券下加砌，形成双层结构，甬道底部与墓道底部基本平齐。前室平面呈横长方形，底部与甬道底部平齐相通。墓壁在距墓底 0.72 米处起券，以长方形砖与刀形砖单层错缝沿弧度变化交替使用，两侧壁为长方形砖单层错缝顺砌平放，底部砌于铺地砖上，铺地砖为单层“人”字形平铺。后室平面呈纵长方形。墓壁在距墓底 0.68 米处起券，采用长方形砖与刀形砖沿弧度变化单层错缝顺砌。后室前端、中部、后部各筑一道承券，前端承券为长方形，中部承券两侧形成四个灯台。后部承券有两层，上层砌法与中部承券相同，两侧前端形成一对灯台；下层承券外延 0.12 米，砌于上层承券内。两侧壁与后壁均为长方形砖单层错缝顺砌平放，底部砌于铺地砖上，后壁置于承券内，中部砌一方形假柱，长方形砖横“平丁平”交互使用，丁砖一半置于后壁内。铺地砖为“人”字形双层平铺，后室地面高于前室 0.04 米。后室中部两侧壁各构筑一对壁龛，其中仅东部南侧壁龛四周用长方形砖镶砌壁面。墓砖多呈青灰色、灰黄色，分长方形、刀形两种，砖面有菱形网格纹，侧面大部分有叶脉纹、印花几何纹等。此墓葬具及人骨已朽无痕迹。墓内残存青釉鸡首壶等随葬器物共 8 件（套）。

M6 为长方形券顶砖室墓，方向 304°。墓坑平面呈长方形，长 4.58、宽 1.7、残深 1.3 米。墓道位于墓室前端中部，平面呈长方形，宽约 1 米，坡度 11.8°。墓室平面呈纵长方形，券顶，仅存少量券砖。墓壁为单砖顺砌错缝平放，在铺地砖向上 0.48 米处起券，用刀形砖、长方形砖依内收情况相间砌筑，上部则用刀形砖单层顺砌错缝斜放。墓壁外侧多用残砖倚护。封门砌于墓室前部墓壁内侧。墓室底部以长方形平砖纵向错缝平铺。前部用 6 块长方形砖单层横向对缝平铺于墓底铺砖之上，形成祭台，祭台前部紧贴封门。后壁以墓底铺砖为底砌成一个“凸”字形小龛。墓内葬具及人骨已朽无痕，随葬器物不存。墓砖以青灰色为主，表面多饰网格纹，偶见手指压纹，侧边饰由几何三角纹、菱形网格纹、竖线纹和弧线组成的复合纹饰。两侧壁起券位置的多块墓砖长侧边上有模印“大

M27 后室随葬器物出土情况（局部）
Grave Goods in the Back Chamber of Burial M27 in situ (Part)

M29 后室
Back Chamber of Burial M29

M6 “大兴四年”纪年砖
Brick with “Daxing Sinian (the Fourth Year of the Daxing Reign)” Inscription in Burial M6

兴四年十月十六日立","大兴四年"即321年，为墓葬年代提供了文字资料。

此外，本次清理了一座宋墓（M15），为长方形竖穴土坑墓，由垄环、护岭、享堂平台、墓坑组成。此墓破坏严重，其上结构形制难辨。墓内出土一件铜镜及数枚铜钱，其中铜镜为带柄龙纹镜，是近年广州考古发现的宋代文物精品。

本次发掘区域地处广州市"桂花岗—狮带岗—横枝岗"地下文物埋藏区内，是地下古墓葬重点埋藏区。横枝岗一带多为山岗地貌，地处广州古城东北郊，距广州古城中心（即今北京路、

中山四路一带）直线距离约3公里。自20世纪50年代开始，广州考古工作者在横枝岗一带配合城市建设已进行了十余次抢救性考古勘探和发掘工作，清理两汉至明清时期墓葬逾千座，出土了大量文物。此次考古工作进一步丰富了广州地区汉、晋南朝、唐宋及明清时期的墓葬资料，对深入研究古代广州经济社会面貌、陶瓷器制造业水平及先民丧葬习俗等具有重要意义，东晋"大兴四年"纪年墓的发掘为广州地区东晋墓的断代研究提供了重要标尺。

（供稿：饶晨　易西兵）

汉墓出土陶屋
Pottery Model House Unearthed from a Burial of the Han Dynasty

汉墓出土陶屋
Pottery Model House Unearthed from a Burial of the Han Dynasty

汉墓出土陶鼎
Pottery *Ding*-tripod Unearthed from a Burial of the Han Dynasty

汉墓出土珠饰
Beads Unearthed from a Burial of the Han Dynasty

汉墓出土陶熏炉
Pottery Incense Burner Unearthed from a Burial of the Han Dynasty

汉墓出土陶熏炉
Pottery Incense Burner Unearthed from a Burial of the Han Dynasty

汉墓出土陶盒
Pottery Box Unearthed from a Burial of the Han Dynasty

晋南朝墓出土青釉虎子
Celadon-glazed *Huzi*-urinal Unearthed from a Burial of the Jin and Southern Dynasties

晋南朝墓出土青釉鸡首壶
Celadon-glazed Rooster-head Pot Unearthed from a Burial of the Jin and Southern Dynasties

晋南朝墓出土滑石猪
Steatite Pig Unearthed from a Burial of the Jin and Southern Dynasties

宋墓出土铜镜
Bronze Mirror Unearthed from a Burial of the Song Dynasty

The Hengzhigang cemetery is located to the south of the Baiyun Mountain, northeast of the old district of Guangzhou City, Guangdong Province. From July to December 2019, the Guangzhou Municipal Institute of Cultural Heritage and Archaeology conducted rescue excavation, during which were unearthed 59 burials dating from the Western Han to Ming and Qing Dynasties, including 12 of the Han Dynasty, 13 of the Jin and Southern Dynasties, 2 of the Tang Dynasty, 1 of the Song Dynasty, 5 of the Ming Dynasty and 26 of the Qing Dynasty. More than 500 pieces (sets) artifacts were found in the burials. The discoveries provide abundant new data for the researches on the societies, economy, ceramic and porcelain mamufacture, and burial costumes of ancient Guangzhou.

西安南郊
焦村十六国墓

*JIAOCUN BURIALS OF THE SIXTEEN-KINGDOMS PERIOD
IN SOUTHERN SUBURB OF XI'AN*

2010 年，为配合基本建设，西安市文物保护考古研究院对西安航天基地进行了考古勘探，发现古墓葬 27 座，其中有两座十六国时期大墓（编号 M25、M26）。经国家文物局批准，2018 年 1 月至 2019 年 4 月，西安市文物保护考古研究院对这两座墓葬进行了考古发掘。

发掘过程中，多次召开研讨会，根据专家的意见，依次对墓道、墓室进行发掘清理，均采取大揭顶的方式。对出土器物及残存壁画做了现场保护，对具备揭取条件的壁画进行了揭取。

M25 为长斜坡墓道土洞墓，坐北朝南，由墓道、第一过洞、第一天井、第二过洞、第二天井、第一甬道、前室、第二甬道、中室、第三甬道、后室等组成。墓葬原开口已遭破坏，现存墓道开口长 60、宽 8～8.16 米。墓道东、西、北三面各置 3 层生土台阶，每层台面宽约 1 米。第一过洞长 5.8 米，第一天井长 5.3、宽 2.2 米，第二过洞长 6.2 米，第二天井长 5.2、宽 2.2 米，第一甬道长 3.1、宽 1.28 米。在第一过洞、第二过洞及第一甬道上方各有 1 处土雕建筑，建筑面阔三间，中间雕版门，两侧各雕一直棂窗并涂彩绘，底部台廊上有彩绘装饰，

应是模仿厅堂房屋建筑，象征三进院落。土雕建筑门框以上的屋顶部分已无存，第一甬道上方的土雕建筑保存较差（或仅存南半部）。第一甬道南端有砖封门，墓室由南向北依次为前、中、后三室，中间由第二、第三甬道相连。墓室平面均呈长方形，四角均有生土雕成的柱础和方形角柱，可能为穹隆顶或四角攒尖顶。墓室四壁均有壁画装饰，保存较差，可见仪仗图、翼兽图及部分题记。前室长 3.2、宽 4.5 米，第二甬道长 3.6、宽 1.2 米，中室长 3.7、宽 3.8 米，第三甬道长 4.2、宽 1.2 米，后室长 2.9、宽 4.2 米，墓底距现地表 18.5 米。

该墓曾遭多次盗扰，本次发掘共清理随葬器物 68 件。其中第一甬道出土陶武士俑 4 件。前室出土陶合欢帽俑、陶进贤冠俑、釉陶马、陶马、石器、铁钩等 19 件。第二甬道出土釉陶罐、釉陶几、釉陶壶、釉陶方形扁壶、陶罐等 9 件。中室出土釉陶灯碗、釉陶灯座、铁器、银饰、铜钱、铜柿花、金箔饰、骨饰等 9 件。后室出土陶十字髻女俑、陶狗、陶猪、陶羊、陶牛、陶鸡、陶井、陶灶、陶碗、铜簪、铜带钩等 27 件。该墓出土的陶合欢帽俑、陶十字髻女俑是关中十六国墓葬中的典型器物。第一甬道出土的陶武士俑形体较大，推测应为镇墓类陶俑。第二甬道出土的绿釉陶器有明显的南方因素，应受到东晋的影响。

M26 位于 M25 以西 32 米处，为长斜坡墓道土洞墓，坐北朝南，由墓道、第一甬道、前室、侧室、第二甬道、后室等组成。该墓亦被盗扰，出土随葬器物 12 件。墓葬原开口已被破坏，现存墓道长 54.4 米，东、西、北三面各置 3 层生土台阶。第一甬道长 3.6、宽 1.8 米，出土陶骑马俑。前室长 3.3、宽 3.3 米，出土陶九盘连枝灯、陶罐、青砖帐座、铜帐钩、铁帐钩。侧室位于前室东侧，进深 2、宽 1.1、高 1.4 米。第二甬道长 2.4、宽 1.6 米。后室长 3、宽 3 米，出土铁镜。墓底距现地表 13.6 米。

M25 是目前发现的十六国时期墓葬中规模最大、等级最高的墓葬。墓壁绘有壁画，在已发现的关中地区十六国墓葬中极为罕见。该墓葬结构相对完整，随葬器物较为丰富，具有重要的学术价值。该墓地的发现与发掘，为进一步认只十六国时期墓葬提供了依据，也为十六国时期的墓葬形制、埋葬制度的研究积累了实物资料。

（供稿：辛龙　宁琰　邰紫琳　王毅）

M26 墓道（南—北）
Passage of Burial M26 (S-N)

M25 墓道（南—北）
Passage of Burial M25 (S-N)

M25 封门
Entrance Sealing of Burial M25

M25 墓室全景
Full-view of Chambers of Burial M25

M25 第一甬道东壁龛
Eastern Niche in the First Corridor of Burial M25

M25 第一甬道西壁龛
Western Niche in the First Corridor of Burial M25

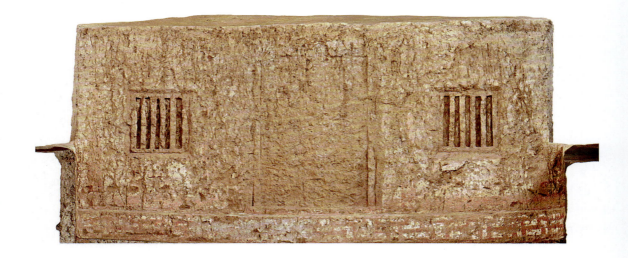

M25 第一过洞洞顶建筑正面
Front-view of Carved Architecture in the First Guodong Passage of Burial M25

M25 前室东壁下塌土中出土壁画
Mural Piece Unearthed Below the Eastern Wall of the Front Chamber of Burial M25

M25 前室西壁下出土壁画
Mural Piece Unearthed Below the Western Wall of the Front Chamber of Burial M25

M26 墓室全景
Full-view of Chambers of Burial M26

M25 出土陶十字髻女俑
Pottery Cross-like
Topknot Female Figurine
Unearthed from Burial
M25

M25 出土陶武士俑
Pottery Warrior
Figurine Unearthed
from Burial M25

M26 出土陶骑马俑
Pottery Horse-riding Figurine
Unearthed from Burial M26

M25 出土釉陶甲马
Glazed Pottery Armoured Horse
Unearthed from Burial M25

M25 出土绿釉陶方形扁壶
Green-glazed Pottery
Square-body Flat
Kettle Unearthed from
Burial M25

M25 出土陶鸡
Pottery Chicken
Unearthed from
Burial M25

From January 2018 to April 2019, the Xi'an Muicipal Institute of Cultural Heritage Conservation and Archaeology conducted excavation of two burials of the Sixteen-Kingdoms Period in the Spaceflight Base. Burial M25 is a underground structure with a solpe passage, the passage, the tianjing roof windows, the front chamber, middle chamber and back chamber, with a total length of 80 m and 18.6 m in depth. The chambers have murals on the walls of the four sides, while the passage and door way of the chambers have architectures carved directly on the earth. Totally 68 pieces of artifacts were unearthed, among which the figurine with hehuan hat and cross-like topknot female figurine are typical artifacts of the Sixteen-Kingdoms Period burials in the Guanzhong area. Burial M26 consists of a long slope passage, corridor, the front chamber, the side chamber and the back chamber. 12 pieces of artifacts were unearthed. M25 is the largest in size and highest in status among the burials of the Sixteen-Kingdoms Period by present. The relatively well preserved structure and abundant artifacts are valuable for further researches.

四川成都琉璃厂
五代至宋元时期瓷窑遗址

LIULICHANG KILN SITE OF THE FIVE-DYNASTIES TO THE SONG AND YUAN DYNASTIES IN CHENGDU, SICHUAN

琉璃厂窑，又称"琉璃场窑""华阳窑"，始烧于五代，延续至明代，历时 700 余年，是成都平原著名的古瓷窑场之一。该窑在 20 世纪 30 年代已引发学术界关注，美国学者曾在 1933 年对其开展过短期试掘。1942 ～ 1943 年，原中央研究院历史语言研究所、四川省博物馆等单位联合发掘了成都老西门外的前蜀王建墓（光天元年，918 年），冯汉骥在正式报告中将墓内出土的青瓷碗、盆、四系罐判定为琉璃厂窑制品，其烧造历史首次被提早到五代时期。1955 年，四川省文物管理委员会工作组在成都市郊东南的胜利乡一带清理明墓时，对窑址做了初步调查和勘测，当时测量窑址占地面积约 23 万平方米，大小窑址共 21 处。

2018 年 5 月至 2019 年 7 月，为配合城市建设，成都文物考古研究院对位于成都市锦江区柳江街道琉璃村 6 组、包江桥村 1 组的琉璃厂窑址进行了考古勘探和发掘。该地点东临琉璃路（老成仁公路），西临沙河支流——洗瓦堰河，南临南三环路三段，中心地理坐标为北纬 30°35′51.21″，东经 104°05′31.35″，平均海拔约 492 米。发掘面积近 3000 平方米，清理了窑炉、作坊建筑、水池、水井、挡墙、墓葬、灰坑等遗迹，出土瓷器、陶器、建筑材料、窑具等大量标本。

发掘区分为 I、II 两区，其中第 II 区的地层堆积保存较好，可分为 3 层。第①层为现代渣土层，多为建筑垃圾；第②层为清代地层；第③层为南宋晚期至元代地层；第③层以下为五代至两宋时期的窑炉和作坊建筑。

窑炉 3 座，编号为 Y1、Y2 和 Y3，均为斜坡式龙窑，Y2 和 Y3 保存较好。Y2 的年代为五代至北宋早期，平面呈狭窄的长条形，方向 132°，揭露长度 22.3 米，坡度 18°～ 21°。窑床内宽 2.25、内部残深 0.52 米。窑顶为拱券结构，残存 21 段，使用耐火砖和窑具等材料纵联砌筑，大多已坍塌。窑床内外尚留有许多未及取出的瓷器成品，可辨器形有碗、盘、盏、注壶、盘口罐等。窑床垫土厚 0.4 米，分作两层，上层为青灰色沙土，下层为红色烧土堆积。Y3 的年代为北宋末至南宋早中期，平面呈狭窄的长条形，前窄后略宽，方向 119°，揭露长度 29.1 米，坡度 17°～ 25°。窑床内宽 1.7 ～ 3.2 米。窑顶为拱券结构，使用耐火砖和窑具等材料纵联砌筑，坍塌毁坏严重。

作坊建筑 11 座，编号为 F1 ～ F11。F4 保存较好，年代为南宋早中期。平面呈长方形，大体呈南北向，长 14.75、宽 8.1 米。房屋四面墙体均已不存，墙基使用窑具和残砖砌筑，柱础使用红砂岩打制的石板，室内活动面主要为泥土和碎瓷瓦砾混杂的垫层，局部铺设河卵石。房屋内偏南部有一段宽约 0.4 米的墙基，将整座建筑分作南、北两部分。北墙外残存 2 件陶缸（瓮），嵌于地表下。

水井 2 口，编号为 J1、J2。其中 J1 为南宋至元代的土圹式砖井，土圹和井台部分近方形，井圈为八角形。直径 1.4 ～ 1.8、揭露深度 4.7 米。未清理至底。

作坊建筑区
Workshops Area

F4
House Foundation F4

M2（东一西）
Burial M2 (E—W)

　　墓葬 2 座，编号为 M1、M2。M1 为小型石板墓，年代为明代。M2 为三室并列的砖室火葬墓，年代为北宋末至南宋早期，各室分别随葬瓷盏 1 件，其中，中室出土了北宋宣和七年（1125 年）赵文地券，券文墨书于垫板上，可辨"火穴""华阳县安养乡"等，据券文内容以及地券使用窑具的情况推测，墓主可能为当地窑工。

　　灰坑数量较多，大小不一，平面形状不规则，绝大部分位于作坊区挡墙之外，为各时期窑业生产过程中形成的取土坑，后改作废弃瓷器的填埋坑。

　　出土了丰富的遗物标本，包括瓷器、陶器、建筑材料、窑具四类。五代至北宋早期瓷器的器形普遍偏大，胎体较厚重。常见碗、盘、盏、盆、炉、盒、四系罐、盘口罐、注壶、穿带瓶、器盖等。釉色以青釉、酱釉为主，器表饰绿、酱色彩绘。碗、盘类器物的装烧方式流行使用支

Y2（北—南）
Kiln Y2 (N-S)

Y2（东南—西北）
Kiln Y2 (SE-NW)

Y2 内残存的瓷器成品
Finished Porcelain Products Unearthed from Kiln Y2

Y2 外堆放的瓷器成品
Finished Porcelain Products outside Kiln Y2

Y2 顶部券拱
Arch Roof of Kiln Y2

J1（南宋至元代）
Water Well J1 (Southern Song Dynasty to Yuan Dynasty)

钉间隔。北宋晚期至南宋瓷器的器形普遍较小，胎体相对轻薄，器形种类减少。常见碗、盘、盏、碟、瓶、注壶、双系罐等。釉色以白釉、青釉、酱釉、黑釉为主，器表用化妆土、酱彩装饰。碗、盘类器物的装烧方式流行使用石英砂堆间隔，其足底流行模印各种几何符号、文字和图案，可能代表了一定的商标、标志和款识意义，反映了当时窑户之间的相互竞争和商品经济的高度发达。元代瓷器的数量和器形都急剧减少，几乎只能见到黑釉碗，制作粗糙，胎体厚重。陶器数量较少，主要是低温釉陶的俑和动物等，均属于丧葬明器。建筑材料有瓦当、滴水、筒瓦等。窑具可辨垫板、垫圈、支钉、支柱、火照等，匣钵极少见。

关于琉璃厂窑的文献史料十分匮乏，北宋《元丰九域志·成都府路》"华阳县"条下提及"均（坰）窑"，南宋《成都文类》卷五引何麒诗记有"坰窑镇税官"，有学者考证"均（坰）窑"即是琉璃厂窑在两宋时期的称谓。此外，1955 年在成都外西瘟祖庙附近清理了明嘉靖二十一年（1542年）蜀藩太监丁祥墓，墓志载"（丁祥）至正德初，侍于今上，尤重其能，屡命于琉璃厂董督陶冶"，可知该窑至明代仍在生产，并为蜀藩机构所控制。

此次考古发掘成果丰硕，进一步揭示和厘清了成都琉璃厂窑的历史沿革、产品面貌、制作工艺、生产性质等文化内涵，为今后促进和加强对该窑的考古学、美术学、陶瓷工艺学等方面的研究，并开展相应的文物保护及展示利用工作，提供了可靠的科学依据和珍贵的一手资料。

（供稿：易立　王瑾　侯晓宁）

五代青釉酱彩器盖
Celadon-glazed Brown-design Lid (Five-Dynasties)

五代青釉绿彩注壶
Celadon-glazed Green-design Dropper (Five-Dynasties)

五代青釉四系罐
Celadon-glazed Four-looped Jar (Five-Dynasties)

北宋酱釉香炉
Brown-glazed Censer (Northern Song)

北宋青釉碗
Celadon-glazed Bowl (Northern Song)

南宋白釉酱彩玉壶春瓶
White-glazed Brown-design Yuhuchun Vase (Southern Song)

南宋酱釉注壶
Brown-glazed Dropper
(Southern Song)

南宋白釉盘
White-glazed Plate
(Southern Song)

元代黑釉碗
Black-glazed Bowl (Yuan)

南宋兽面纹瓦当
Tile-end with Animal Mask
(Southern Song)

南宋釉陶鸡
Glazed Pottery Chicken
(Southern Song)

五代至北宋早期支钉
Spurs (Five-Dynasties to the Early Northern Song)

From May 2018 to July 2019, the Chengdu City Institute of Cultural Relics and Archaeology conducted the survey and excavations at the Liulichang kiln site in the southeast of the Chengdu City. In the nearly 3000 sq m exposed area, were unearthed kilns, workshop structures, pits for soil taking, fencing walls, burials and a large number of porcelains and kiln furniture of the Five-Dynasties, the Song Dynasty and the Yuan Dynasty. The kilns are all slope dragon kilns with arch roof. Porcelains can be divided into three phases: the Five-Dynasties to early Northern Song Dynasty phase, the late Northern Song Dynasty to Southern Song Dynasty phase, and the Yuan Dynasty phase. The vessel types include bowl, plate, *zhan*-cup, pot and jar, all are celadon, brown, white or black glazed. Kiln furniture include the backup ring, backup board, spurs, stands and temperature test shred. The discoveries exhibit a clear developmental history of porcelain products, manufacture techniques and the management of the Liulichang workshops. The work provides necessary data to improve and strengthen the conservation of the site.

西安隋唐
长安城东市遗址

EAST MARKET-SITE OF THE SUI AND TANG CAPITAL CITY CHANG'AN, XI'AN

唐长安城东市，隋时又称都会市，与西市（隋时称利人市）东西对称，分列皇城东南与西南。东西两市是隋唐首都的经济活动中心，也是当时丝绸之路和中外经济交流的重要场所。

隋唐长安城东市遗址位于西安市区友谊东路以北、咸宁西路以南、经九路以西、安东街以东的区域，东北与西安市区兴庆宫公园相望。遗址最早发现于 20 世纪 50 年代后期，以往的考古勘探工作显示，东市遗址南北长 1000 余、东西宽 924 米，面积约 1 平方公里，大小与西市遗址相当。

经国家文物局批准，在西安市文物局和相关部门的支持与配合下，2016 ～ 2019 年，中国社会科学院考古研究所陕西第一工作队、西安市隋唐长安城遗址保护中心组成联合考古队，对东市遗址东北部区域进行了勘探和发掘。2016 ～ 2017 年，首先在勘探工作基础上，在东市东北隅区域中部开设了两条南北、东西走向呈"十"字相交的长探沟，东西向探沟长约 310、南北向探沟长约 120、宽 4 米。2018 ～ 2019 年在长探沟西部探沟以南、以北区域展开大面积发掘，并在"十"字形探沟西北、东南区域分别做了局部发掘。

2016 ～ 2019 年共发掘 5000 余平方米，发现道路、水渠、放生池、房址、水井、窖穴、灰坑等大量各类遗迹。通过几年的连续考古发掘，在以往勘探的基础上，确认了开展考古工作的区域为东市东北隅遗址，是东市内"井"字形主要街道、

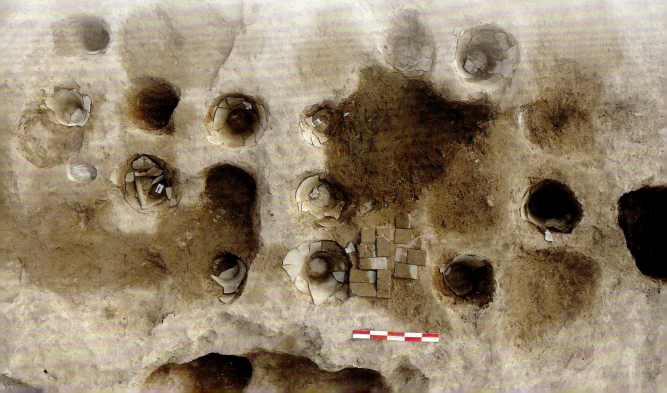

2018 年发掘区
Excavation Area in 2018

2019 年发掘区
Excavation Area in 2019

街所划分九宫格布局的东北部分。这为确认唐长安城东市的空间布局以及进一步开展东市遗址考古与保护工作奠定了坚实基础。

　　发掘区内共揭露 9 条南北向道路（L1 ～ L8、L10），道路彼此间距离为 30 ～ 40 米。其中发掘区西部的 L1 最宽，仅揭露出道路东侧边界，西侧边界已超出发掘区，发掘区内最大宽度约为 15 米，这条道路应为东市内靠东侧的南北向"井"字形主要街道。还在发掘区中清理出 4 条南北向水渠（Q1 ～ Q4）。同时，在发掘区中部开设的

南北向长探沟内未发现东西向道路，而在 2018 年发掘区南侧揭露一段东西向道路（L9），但向东以 Q1 为界，未越过 Q1。这表明，东市东北隅遗址内部，以南北向的道路和水渠等线性遗迹为主划分平面格局。

　　发掘区内，临南北向道路 L1 东侧发现了连续排列的临街房址（F2、F8），在两条南北向道路 L1 与 L8 间分布有组成合院建筑的房址（F3、F4、F6、F7）和庭院，及其南侧的房址（F1）等。在南北向道路 L8 与水渠 Q1 间分布有房址（F5）。

大型陶缸遗迹
Feature with the Large Pottery Urn

唐代水井
Water Well of Tang Dynasty

唐代井窖遗迹
Storage Well of Tang Dynasty

此外，还发现了若干可能与作坊有关的遗迹，如在 L8 与 Q1 之间发现了有规律排列的陶瓮（陶盆）遗迹群，陶瓮（陶盆）下部都半埋于坑内，瓮（盆）的平底及下腹尚保存于浅坑内，个别还存留有口沿部分。在 L1 与 L8 间的有些灰坑内发现了若干倒扣的大陶盆或大陶瓮。在部分临近作坊的灰坑内集中出土了陶范残块与彩绘陶俑。在"十"字形探沟东南的 2019 年发掘区内，还在灰坑与水井中集中出土了骨料和骨制品。

上述发现表明东市东北隅遗址内，在南北向道路与水渠划分的小单元中，临近道路和水渠处分布有房址和作坊遗迹。这些遗迹的揭露，为了解东市遗址内部的空间规划与结构提供了重要线索。发掘结果还表明，东市遗址可以初步分为早、晚两期，部分道路在晚期已遭废弃或侵占，为房址和其他遗迹所部分叠压或完全破坏。这说明在唐代不同时期，东市空间格局发生了变化，为探讨唐代长安城坊市的管理制度及其演变动态提供了最新的考古资料。

东市东北隅遗址发掘出土遗物数量众多，种类丰富，包括陶器、瓷器、建筑构件、骨器、铜器、石器等，其中以陶瓷器和建筑构件为大宗。瓷器窑口来源广泛，包含耀州窑、越窑、巩县窑、长沙窑等不同窑口的产品，精美者如"官"字款白瓷片和越窑青瓷器等。瓦当以莲花纹瓦当为主，另有唐代常见的砖瓦和建筑脊饰构件。此外，还出土了一枚玉册残块，可辨识残存"业永"二字。这些遗物的出土，既凸显了东市遗址作为隋唐长安城手工业商贸中心和丝路起点的特殊地位，也为进一步研究手工业生产与贸易提供了重要资料。

唐代东市，西近太极宫，东北紧邻兴庆宫，位置十分重要。史载"市内货财二百二十行，四面立邸，四方珍奇，皆所积集"。东市东北隅遗址的发掘，为我们准确定位东市、深入认识和分析其整体形制与布局演变提供了可靠依据，具有重要学术价值。同时，几年的发掘工作显示，东市遗址遗迹种类丰富，出土大量各类遗物，保存状况良好，值得进一步开展大规模的考古发掘和相关的保护及展示利用工作。相信随着发掘与研究工作的深入开展，隋唐长安城东市遗址的内涵将变得更加清楚。

（供稿：王子奇 龚国强 李春林）

陶范残块
A Piece of Pottery Mould

彩绘陶俑
Color-painted Pottery
Figurine

骨簪
Bone Hair-pin

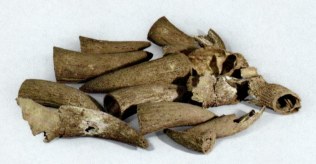

骨料
Bone Materials

莲花纹瓦当
Tile-end with Lotus Design

骨饰件
Bone Ornament

建筑脊饰
Cresting Decoration

陶辟雍砚
Pottery Inkslab

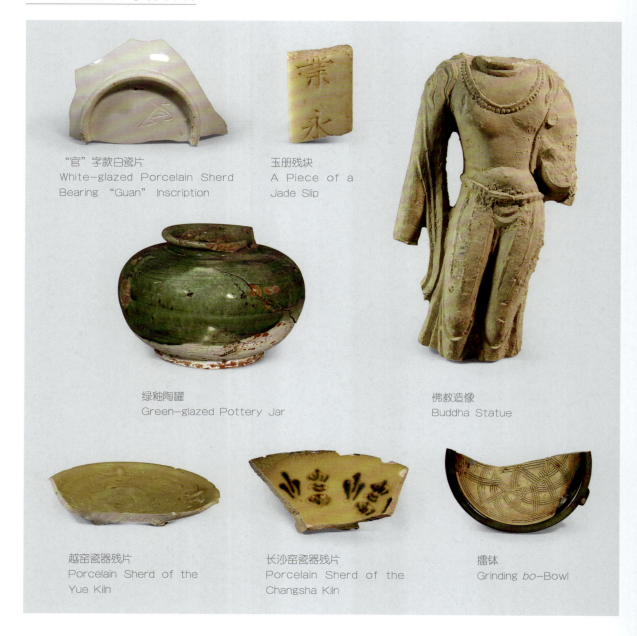

"官"字款白瓷片
White-glazed Porcelain Sherd Bearing "Guan" Inscription

玉册残块
A Piece of a Jade Slip

绿釉陶罐
Green-glazed Pottery Jar

佛教造像
Buddha Statue

越窑瓷器残片
Porcelain Sherd of the Yue Kiln

长沙窑瓷器残片
Porcelain Sherd of the Changsha Kiln

擂钵
Grinding *bo*-Bowl

The East Market-Site of the Sui and Tang capital city Chang'an is located at the down town of Xi'an City and covers an area of 100 ha. The Institute of Archaeology, Chinese Academy of Social Sciences and other institutions conducted several coring and excavations in the northeast part of the site from 2016 to 2019. Within the more than 5000 sq m exposed area, were unearthed roads, water ditches, house foundations, water wells, storage pits and ash pits. The south-north oriented roads and water ditches divided this area into smaller units. House foundations and several workshops are mostly beside the roads or water ditches. All the features can be grouped into early and late phases. Some of the roads had been abandoned in the late phase, indicating a change of spatial pattern in the late Tang Dynasty. The excavations provide new data for the interpretation of market management and its development during the Tang Dynasty.

陕西咸阳唐高昌王族
麴嗣良夫妇合葬墓

TOMB OF TANG DYNASTY GAOCHANG ROYAL FAMILY MEMBER QU SILIANG AND HIS WIFE IN XIANYANG, SHAANXI

2018～2019 年，陕西省考古研究院在陕西咸阳周陵镇崔家村发掘了一座唐代墓葬。该墓西南距西安咸阳机场约 2 公里，东距迎宾大道约 200 米。墓葬所在区域是唐长安城附近重要的高等级墓葬埋葬区，在其周边分布的唐代墓葬有窦氏家族墓葬、张氏家族墓葬、昭容上官氏墓、唐从心墓、贺娄徐润墓等。据墓志记载，此墓墓主为唐高昌王族麴嗣良夫妇。

墓葬表面原有封土和围沟。封土现仅存底部少量堆积，平面呈圆形，直径约 20 米。围沟平面呈长方形，南北长 107、东西宽 72 米。该墓围沟的南段与其东南方向的唐墓 M29 围沟的北段有一部分是共用的，共用部分长 8 米。这在以往的唐墓中未曾发现，为研究唐代墓葬围沟的建造、使用提供了新资料。

墓葬位于围沟内偏西北处，系斜坡墓道多天井单室砖券墓，平面呈刀把形，坐北朝南，方向 176°，南北水平总长 38.9、墓葬原始开口距现地表 0.5、墓室底距现地表 8.7 米，由墓道、5 个过洞、5 个天井、6 个壁龛、砖封门、甬道、墓室等部分组成。其中，6 个壁龛分别开于第一、二、三过洞的东西两壁下方，均以条砖封口。除第三过洞下壁龛为平顶、口部呈横长方形外，其余均为拱顶洞式结构。砖封门仅存少量砌砖，为两重平砖错缝砌筑而成。其中，南部的砌砖压在甬道入口的壁面上。在取掉砌砖后，可见甬道入口处的白灰地仗。据此推测砖封门可能为二次砌筑。甬道较长，南部呈斜坡状，北部较平缓。甬道两壁均为砖砌，砖面涂白灰地仗。接近墓室入口处，两壁砌砖多被破坏。墓室偏于西侧，近方形，破坏较为严重，仅存底部几块完整的铺砖，未发现人骨及葬具。

墓葬内从墓道至墓室原满绘壁画，由于盗掘、水浸等原因破坏，仅存部分壁画。墓道西壁图像从南向北依次为奔犬、托盘侍者、白虎、牛车、出行队伍。墓道东壁图像从南向北依次为凤鸟、托盘侍者、青龙、驼、马、出行队伍。其中，牛

墓道东壁出行队伍图
Travel Troops in the Mural on the Eastern Wall of the Passage

墓道西壁牛车图
Cow Cart in the Mural on the Western Wall of the Passage

车图像保存较为完整，包括驾车人、牛、车、随车侍从等，与唐麟德元年（664 年）郑仁泰墓发现的牛车图像构图基本一致。出行队伍最前方为一高大的侍者形象，在整个壁面中极为突出。侍者体型高大，表情严肃，鼻子尖长，身着圆领红色长服。此外，墓道两壁多处可见狗的形象，体型细长，或奔跑，或低首前行，或仰头张望。以墓道西壁南端的奔犬绘制最为细致，浑身涂红。

天井和过洞处的壁面，仅存留第一、第二天井下少量壁画内容。第一天井东西两壁绘制人物图像，但由于壁画缺损，具体内容无法辨识。第二天井两壁下各绘一株树木，多有残损。西壁树木叶片呈五瓣状，边缘为锯齿状，叶脉清晰可见。枝叶的形状与唐景龙二年（708 年）韦浩墓壁画中侍女手中所持无花果枝叶相同，故推测该树木为无花果树。东壁树木无主干，从底端发枝，分出多个枝干，枝叶茂盛。叶片为尖椭圆形，叶尖发红，未见果实。其树冠、叶片等特征与石榴树较为类似，初步判断该树木为石榴树。

甬道两侧壁绘有侍女、飞鸟、花草山石等。其中，甬道东壁侍女图像保存较完整。侍女头梳双螺髻，脸庞圆润，双颊微红。内着红色圆领衣衫，外着翻领黄色长服，下着束口条纹袴，足蹬红色尖头线履。右臂屈于胸前，左臂下垂于身体一侧，手执一物，双脚呈外"八"字站立。侍女北侧上部为一尖喙长尾羽的飞鸟图像。墓室四壁现为生土壁面，仅存底部少量白灰墙皮。

此墓共出土随葬器物 53 件（组），多发现于壁龛内，有陶俑、陶动物、铁剑、铜饰、瓷碗、墓志等。两合墓志分别发现于甬道和墓室入口处。据墓志记载，墓主讳嗣良，字承嘉，麹氏高昌后裔。生于显庆五年（660 年），圣历元年（698 年）卒于东都毓俗里，久视元年（700 年）葬于咸阳北原。官居四品，以清勤著称。其曾祖文泰，祖智湛，父崇裕，在两《唐书·高昌传》均有载，并载墓主伯父为麹昭。夫人史氏，河南洛阳人，生于龙朔二年（662 年），开元十二年（724 年）卒于京兆务本里，开元十四年（726 年）祔葬于咸阳北原。曾祖统，祖大奈，父仁彦。其祖见载于《旧唐书·突厥传》。志文中关于父仁彦的记载，可补史缺。两人共育三子，嗣子玄纵。幼子玄鉴，剪发出家，学金仙之道。

发掘过程中发现甬道至墓室部分破坏极为严重，原始壁面及砌砖均已无存。经统计，墓室内余砖不足三百块。结合两《唐书》记载，墓主之父在武则天执政期间，曾平定越王李贞叛乱。故推测，该墓可能在玄宗时期遭遇官方破坏。

墓葬内的壁画和墓志是此次发掘的重要发现。墓道壁画中的人物形象和完整的牛车图像、天井下绘制的两株外来树木，是珍贵的考古图像资料。出土的墓志是目前在这一地区发现的首方高昌麹氏王朝皇族成员墓志。唐贞观十四年（640 年），高昌国灭，其王室成员被迫迁至长安。他们在长安的生活情况及死后的埋葬地，一直未能了解。唐麹嗣良夫妇墓葬的发现，为这些问题的解决提供了重要的文字资料。

（供稿：刘呆运　赵占锐　丁岩）

陶骑马俑
Pottery Horse-riding Figurine

陶骑马俑
Pottery Horse-riding Figurine

陶风帽俑
Pottery Figurine with Hood

陶骑马俑
Pottery Horse-riding Figurine

陶骑马俑
Pottery Horse-riding Figurine

陶风帽俑
Pottery Figurine with Hood

陶马
Pottery Horse

陶牛
Pottery Cow

陶羊
Pottery Sheep

墓道西壁人物图
Figure in the Mural on the Western Wall of the Passage

甬道东壁侍女图
Maidservant in the Mural on the Eastern Wall of the Corridor

甬道东壁人物图
Figure in the Mural on the Eastern Wall of the Corridor

第二天井东壁树木图
Tree in the Mural on the Eastern Wall of the Second Tianjing Roof Window

第二天井西壁树木图
Tree in the Mural on the Western Wall of the Second Tianjing Roof Window

甬道东壁飞鸟图
Flying Bird in the Mural on the Eastern Wall of the Corridor

From 2018 to 2019, the Shaanxi Provincial Institute of Archaeology conducted the excavation of the tomb of Tang Dynasty Gaochang royal family member Qu Siliang and his wife at the Cuijia Village, Zhouling Township, Xianyang City, Shaanxi Province. This badly damaged tomb consists of a slope passage, five guodong passages, five tianjing roof windows, 6 niches, a brick wall sealing the chamber, corridor, and a brick arch-roof chamber. There are murals on the walls of the passage and the chamber, most of which have been damaged. Murals in the passage depict human figures and cow cart, while those under the tianjing depict two foreign trees, all are rare iconography data. Totally 53 pieces (sets) artifacts were found in the tomb. The stone epigraph is the first epigraph of the Gaochang royal family member ever found in this area. The discoveries provide new data for the understanding of the life of Gaochang royal families after their immigration to Chang'an.

甘肃天祝岔山武周时期
吐谷浑王族喜王慕容智墓

CHASHAN TOMB OF MURONG ZHI, DUKE XI OF THE TUYUHUN KINGDOM OF THE WUZHOU PERIOD IN TIANZHU, GANSU

慕容智墓位于甘肃省天祝县祁连镇岔山村北，地处东、西、南三山环绕的小山岗上，东距武威市 35 公里。墓葬所在地属祁连山北麓，为局部较为平缓的山间盆地和纵谷结合地貌。2019 年 9 月，甘肃省武威市天祝藏族自治县国土资源局整备土地时发现该墓，经国家文物局批准，在甘肃省文物局的协调安排下，甘肃省文物考古研究所对其进行了抢救性发掘。

墓葬为单室砖室墓，由封土、墓道及壁龛、封门、照墙、甬道和墓室等组成，平面近刀把形，通长 23.8 米，方向 170°。墓葬是先挖成带长斜坡墓道的刀把形竖穴土圹，后在土圹内砌筑砖室。封土位于墓室之上，因平整土地，最高处的封土已被破坏殆尽，其周围较低处残留厚约 0.3 米，为沙砾与红色黏土混合土。从现存部分并参照该处施工前照片资料推测，原封土呈丘状，直径大于 15、高约 3 米。

墓道位于墓室南部，南端略低，北端略高，高差 0.8 米，墓道开口平面呈长方形，通长 17.5、南端宽 1.25、北端宽 1.55 米，长斜坡底，墓门前坡底距现地表 3.5 米。墓道内填土为红色黏土与沙砾混合土，较为疏松，土中包含碎砖块、木块等。随葬彩绘木杆（疑为旌旗杆）、木构件等，墓道底散见墨绘画像残砖、调色砖（红色）和调色石（黑色）等，墓门前见殉牲，为整马、羊等。

墓道底部墓门前东、西两侧各有一壁龛，壁龛拱形顶，龛外均使用青砖封堵，封龛墙均高 1.12、宽 0.7 米。东、西壁龛内壁及底均涂抹一层厚 0.03 ~ 0.05 米的草拌泥，其中西龛门宽 0.62、进深 0.55、高 0.96 米，于 0.7 米处起拱，龛内随葬彩绘陶、木仪仗俑，有骑马俑、文官立俑等，共 43 件（组）；东龛门宽 0.6、进深 0.53、高 0.9 米。龛内亦随葬彩绘陶仪仗俑，共 27 件（组）。

甬道位于墓道北端，平面呈长方形，双层券

墓道东壁龛内随葬的仪仗俑群
Figurines of Honor Guards in the Niche on the Eastern Wall of the Passage

墓道西壁龛内随葬的仪仗俑群
Figurines of Honor Guards in the Niche on the Western Wall of the Passage

顶。甬道内南端宽 1.2、北端宽 1.3、进深 2.1、高 1.9 米，于 1.53 米处起券。

封门位于墓道与甬道之间，由砖砌封门墙和木门组成，其中砖砌封门墙共 4 道，底部先用碎砖及泥块垫底，上平砌砖墙。墙体东西总宽 1.4～1.5、厚 1.4、高 1.12～2 米。封门砖墙里侧、券门口内 0.2 米处安设有双扇木门，门扉上置鎏金铜锁，扉面上均对称钉有排列整齐、大小相同的鎏金铜泡钉，5 排 10 列共 50 个。因木门结构部分腐朽，门整体由南向北坍塌，平铺于甬道内。

照墙位于甬道口正上方，由青砖错缝平砌两层，直至开口处，宽 1.25、高 1.65 米。照墙面上抹有一层厚 0.03～0.07 米的草拌泥，上涂白灰一层。以白灰为底，用红、黑线条绘有壁画，壁画内容主要为双层门楼结构，楼门均为券顶，门内绘有双扇木门，木门上绘有排列整齐的泡钉，结构与甬道内的木门相似。

墓室砖室结构平面近方形，盝顶。砖室内南北长 4.2、东西宽 4.1、残高 3.9 米。砖室内底用砖纵向错缝平铺一层。西侧设棺床，东西宽 1.5、高 0.13 米。棺床上用砖错缝横向平铺一层，砖上铺一层厚 0.05 米的白灰，白灰上铺一层薄草席，草席上铺有一层丝织品，其上靠西侧南北向顺置一木棺。木棺保存较好，棺头朝北，由弧状棺顶盖、箱式棺和棺座组成。弧形棺顶盖由 7 块长木条板使用榫卯结构拼接而成。箱式棺平面呈梯形，由左右侧板、前后挡板、底板和顶盖板组成。棺座为平面呈"目"字形的框架结构，上置箱式棺。棺顶盖与箱式棺使用铁钉加固，头、中、尾边沿各一颗，共用钉 6 颗。棺木总长 2.55

米，其中棺头端宽 0.94、高 1.19 米，尾端宽 0.76、高 1.05 米。

甬道及墓室内壁面上满绘壁画，现多已脱落，从残存部分看，壁画内容共分两部分，甬道东西两壁及墓室内由底至高 1.86 米处以白灰为底，用墨线勾绘男女人物画像，并在人物的面部、发式及手部等处施红、黄等彩色，因壁画剥落，具体内容已不详。墓室 1.86 米以上以白灰为底，满涂青灰色颜料，其上绘有星象图，具体为墓室东壁近正中涂圆形红色区，在其上墨绘一三足乌，从位置及形象判断，该红色圆形区域代表太阳；在其对面的西壁上，有一圆形白色区，上墨绘一桂树，树下墨绘一正在捣药的玉兔，从位置及形象判断，其应代表月亮；由墓室西北角起至东南角有一条带状白色区域，应表示银河；在墓室四面穹顶上散见有直径为 3～5 厘米的红色点状物，应代表星辰。

甬道及墓室内随葬有彩绘陶、漆木、石、铜、铁、金银器及革制和丝麻织品等 220 余件（组）。其中陶器有彩绘罐、素面双耳罐、盆及彩绘人俑、骑马俑及狗、羊、鸡等，木器有彩绘天王俑、镇墓兽、武士俑、男女侍俑及带帷帐的大型床榻、门、胡床、马鞍、屋、乐器模型等，部分髹漆，见有漆盘、碗等。铜器有锁、各构件上的饰件、勺、筷及"开元通宝"。铁器有甲胄。金银器主要为腰带饰、节约及革带饰。革制品主要为箭箙、腰带、方盒等。丝织品数量较多，主要覆盖于棺盖上、铺于棺床上及床榻帷帐上。

甬道正中随葬墓志一方，上篆书"大周故慕容府君墓志"。侧面阴刻缠枝纹图案。志文显示，

墓室东壁上的三足鸟
Three-feet Crow in the Mural on the Eastern Wall
of the Chamber

墓室西壁桂树及玉兔
Cherry Bay and the Rabbit in the Mural on the
Western Wall of the Chamber

覆盖在棺木上的丝织品（第一层）
Silk Cover on the Coffin (Top Layer)

覆盖在棺木上的丝织品（第二层）
Silk Cover on the Coffin (Second Layer)

封门及照墙壁画
Sealing Wall and Mural on the Zhaobi Upper Wall

甬道木门及照墙壁画
Wooden Door in Corridor and Mural on the Zhaobi
Upper Wall

甬道随葬器物
Grave Goods in Corridor

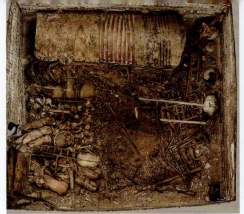

墓室
Chamber

带帷帐的床榻
Bed with Curtains

墓主为"大周云麾将军守左玉钤卫大将军员外置喜王"慕容智，因病于天授二年（691 年）薨，终年 42 岁。墓志载慕容智系吐谷浑国末代统治者，唐敕封拔勤豆可汗、青海国王慕容诺曷钵第三子。

墓志显示，慕容智死后，按照礼制于"其年九月五日迁葬于大可汗陵"，"大可汗陵"为首次出现。在墓葬发掘期间，对墓葬周边进行了初步调查和勘探工作，在该墓东 5 公里范围内发现数座时代相近、形制特征相同的墓葬，"大可汗陵"所在位置及其布局特征、文化内涵等，还需进一步开展相关工作予以确认。

该墓为国内发现的时代最早、保存最完整的唐吐谷浑王族墓葬，为研究后期吐谷浑王族谱系、葬制及相关问题提供了重要材料，是吐谷浑墓葬考古研究的重要发现。该墓的发掘丰富和拓展了丝绸之路物质文化资料，对推动唐与丝绸之路沿线民族关系史、交通史、物质文化史、工艺美术史等相关研究具有重要价值。

（供稿：刘兵兵　陈国科　王山　张伟）

彩绘木天王俑身
Color-painted Wooden
Figurine of a Heavenly King

彩绘木镇墓兽
Color-painted Wooden
Burial Guardian Monster

彩绘木风帽俑
Color-painted Wooden
Figurine with Hood

彩绘陶女立俑
Color-painted Pottery
Female Figurine

彩绘描金木女俑头
Head of a Color-painted
Wooden Female Figurine
with Gold-designs

彩绘木朱雀残件
Color-painted Wooden
Zhuque Vermilion Bird

墓志盖
Epigraph Cover

彩绘木鸟
Color-painted Wooden Bird

The Gansu Provincial Institute of Cultural Relics and Archaeology conducted rescue excavation of a tomb at the Chashan Village, Qilian Township, Tianzhu Tibetan Autonomous County, Gansu Province. The tomb consists of the earth mound on the ground, the passage, niches, entrance-sealing wall, the zhaobi upper wall, the corridor and the chamber. Its plan is in the shape of a knife and totally 23.8 m in length. There are murals on the zhaobi upper wall, the walls of the corridor and the chamber, depicting gates, figures and constellations. Nearly 300 pieces (sets) artifacts were found, including color-painted pottery figurines, color-painted wooden figurines, bronzes, iron implements, gold and silver artifacts, leather objects, silk, and sacrificed animals. According to the epigraph, the occupant is Murong Zhi, a member of the royal family of Tuyuhun Kingdom who died in the Taishou reign of the Empress Wuzetian (691 AD). The tomb is the earliest and best preserved one of the royal family of the Tuyuhun Kingdom by present. The discoveries are significant for the researches on royal kinship, funeral rites, as well as the relationship between the Tang Dynasty and Tuyuhun and other peoples along the Silk Road.

青海乌兰泉沟
吐蕃时期壁画墓

A MURAL BURIAL OF THE TIBETAN PERIOD AT QUANGOU DITCH IN WULAN, QINGHAI

泉沟墓地位于青海省乌兰县希里沟镇河东村泉沟周边的山谷地带，第三次全国文物普查时发现，壁画墓（M1）位于一座独立山丘的斜坡之上。经国家文物局批准，在青海省文化和旅游厅、青海省文物局的安排部署和海西州委州政府、乌兰县委县政府的支持配合下，2018 年 9 月至 2019 年 10 月，中国社会科学院考古研究所、青海省海西自治州民族博物馆和乌兰县文体旅游广电局联合对该墓葬进行了发掘。

该墓为一座带墓道的长方形砖木混合结构多室墓，东西向。墓道位于墓室东端北侧，一半为斜坡，一半为带梯道的竖穴式，总长约 11 米。墓室墓圹平面呈长方形，长 10、宽 8、深 10 米。填土中距地表 5 米处埋葬有一殉葬武士，仰身直肢葬式，腰佩箭囊，肩侧有木弓遗迹，足部有殉葬羊骨，身下及周边铺设大石块为葬具。墓顶由单层或双层方形柏木搭建而成，其上堆有厚 1 米的大石块层和厚 0.5 米的碎石层；墓门外竖 3 根柏木桩封堵，门框内又横插 5 根方形柏木桩封堵，防护措施严密。

墓室平面呈长方形，由前室、后室和两侧室组成。前室左、右、前壁用大青砖垒砌，顶部由单层柏木搭建，底部铺土坯。后室四壁皆为方形

柏木垒砌，顶部用双层柏木垂直交错搭建，底部铺青砖。前室内长 3.6、宽 3.2、高 2.3 米，后室内长 3.8、宽 3.3、高 2.3 米。

前室砖墙和后室柏木墙表面均绘壁画，剥落较严重。前室前壁墓门侧壁画内容为牵马迎宾武士，其余壁面原绘有狩猎、宴饮、乐舞等内容，但损毁严重。顶部描绘各类飞禽走兽、祥龙飞鹤。后室四壁绘有放牧动物、帐居宴饮、汉式建筑、山水花卉等内容，顶部描绘日月星辰、神禽异兽、祥龙飞鹤等图像。各室的墓门框上彩绘宝相花图案。前、后室内中央各立一根八棱立柱，表面彩绘有莲花图案。

两侧室东西并列于后室北侧，平面呈长方形，内长 3.8、宽 1.8、高 2.3 米，墓顶和四壁皆用方形柏木搭建。侧室内不见壁画和彩绘。

墓室内发现大量彩绘漆棺构件，应为双棺，棺表髹黑漆，再施彩绘，内容有骑马行进人物、兽面、飞鸟、花卉、云团及几何图案等内容。人骨堆积散乱，可见至少 2 具骨骸，应为夫妻合葬墓。随葬器物有丝织物残片、嵌绿松石金银带饰、铜筷、铜饰件、铁器残块、漆木盘、陶罐残片、玻璃珠、粮食种子和动物骨骼等。

墓圹底部在后室木墙外侧坑壁上，发现一处封藏暗格，高 1.3、宽 1.2、进深 1.3 米。暗格内放置一长方形木箱，箱内有鎏金银龙凤狮纹王冠和嵌绿松石四曲鋬指金杯，木箱下铺粮食种子，具有供奉和珍藏的意味，可见是墓主最为珍视的、兼具神圣性的重要物品。鎏金银王冠饰双龙，两侧各饰一立凤，后侧护颈饰双狮，周身镶嵌绿松石、蓝宝石、玻璃珠等，冠前檐缀以珍珠冕旒。鋬指金杯为四曲杯体、方形圈足，装饰富丽，技艺精湛，融合唐朝、中亚和吐蕃之风于一体，颇为罕见。

泉沟壁画墓的发掘具有重要意义，主要体现在以下几个方面。

第一，该墓是青藏高原首次发现的吐蕃时期壁画墓。壁画墓多流行于汉文化区，在青藏高原极为罕见，尤其是吐蕃统治时期，并不流行这类墓葬装饰形式，显示了该墓的与众不同。绘画技法具有浓郁的唐风，图像内容又兼具青藏高原游牧民族特色，具有很高的史料价值和艺术价值。

第二，彩绘漆棺是青藏高原首次发现的独特

填土中殉人
Sacrificed Person in the Filling Earth

墓圹及墓顶
Earth Pit and the Top of the Chamber Roof

后室棺木堆积情况
Collapsed Coffin in the Back Chamber

前室东壁牵马迎宾图
Welcome Ceremony with Horses in the Mural on the Eastern Wall of the Front Chamber

后室北壁放牧图
Pasture Life in the Mural on the Northern Wall of the Back Chamber

彩绘漆棺构件
Parts of the Lacquered Color-painted Coffin

葬具装饰形式。青海地区多见彩绘木棺，而中原内地多见无彩绘的漆棺，这也是两个地区不同文化的融合形式。由于制漆技术和原材料所限，青藏高原制作大件漆器是极其不易的，这也显示了该墓葬具有非同一般的级别。

第三，墓葬内设置密封暗格，在中国乃至世界的考古史上，都没有发现过类似的先例。鎏金王冠显示墓主很可能与吐蕃时期当地的王室有密切关系，曾经拥有极高的统治地位。由此也可以推知吐蕃时期在柴达木盆地北缘地区可能设置有高级别的行政和军事建制。

根据出土器物特征和壁画内容风格，可以推

测该墓葬年代为吐蕃时期，^{14}C 测年显示为 8 世纪。这个时期吐蕃已经占领了青海地区，并以此为大本营，与唐朝在临近的河西走廊和新疆地区展开激烈角逐。柴达木盆地北缘地处青海丝绸之路战略要冲，为吐蕃通唐朝和中亚之门户。吐谷浑统治时期和吐蕃统治时期丰厚的财富积累和文明发展高度，以及唐朝和中亚地区源源不断的文化输入，对于青海地区多民族文化的形成具有重要的影响力。该墓葬的发现，对于探讨古代汉藏文化融合进程和青海丝绸之路的文化交流盛况具有重大学术价值。

（供稿：仝涛　陶建国　孟柯　毛玉林）

暗格
Secret Niche

铜筷
Bronze Chopsticks

暗格内的木箱
Wooden Box in the Secret Niche

鎏金银龙凤狮纹王冠和嵌绿松石四曲鎏指金杯出土情况
Gilt Silver Crown with Dragon, Phoenix and Lion Designs and Gold Four-curves Cup with Incised Turquoise and a Ring-like Handle in situ

前室外侧鹿角出土情况
Deer Antler outside the Front Chamber in situ

嵌绿松石四曲鋬指金杯
Gold Four-curves Cup with Incised Turquoise and a Ring-like Handle

壁画保护与加固
Preservation of the Mural

The burial is located at Quangou ditch in Wulan County, Qinghai Province. The Institute of Archaeology, Chinese Academy of Social Sciences and other institutions conducted excavation from 2018 to 2019. The burial is an underground brick and wooden rectangular structure with a passage which is 10 m in depth. A sacrificed warrior was found in the filling earth. The main structure consists of the front chamber, the back chamber and two side chambers. Murals depicting the nomadic life on the plateau were found on the walls of the four sides and the roof in both the front and back chambers. Parts of the lacquered painted coffins were found in the chambers. A secret niche was found on the wall at the bottom of the earth pit, within which were found a gilt silver crown with dragon, phoenix and lion designs, and a gold four-curves cup with incised turquoise and a ring-like handle, indicating the close relationship of the occupant with the Tibetan royal family. The burial is the only Tibetan Period burial with murals on the Qinghai-Tibetan Plateau by present. The excavation provides new data for the research of burial custom of the Tibetan Period, and is important for discussions on the cultural fusion of Han and Tibetan peoples and the cultural communication along the Silk Road.

新疆尉犁

克亚克库都克烽燧遗址

KEYAKEKUDUKE BEACON TOWER SITE IN YULI, XINJIANG

克亚克库都克烽燧遗址位于新疆维吾尔自治区巴音郭楞蒙古自治州尉犁县东南 90 公里处的荒漠地带，是全国重点文物保护单位——孔雀河烽燧群中的一座烽燧。孔雀河烽燧群由 11 座烽燧组成，沿孔雀河北岸，呈东西向分布在库尔勒市至营盘古城之间长约 150 公里的范围内。1896 年，斯文·赫定发现孔雀河烽燧群，并做了简单介绍；1914 年，斯坦因对孔雀河烽燧群中的脱西克、克亚克库都克等 9 座烽燧进行了详细调查；从 1989 年第二次全国文物普查工作开始至今，新疆文物考古研究所、巴州文物局等单位也多次对孔雀河烽燧群进行调研。

2019 年，经国家文物局批准，新疆文物考古研究所对克亚克库都克烽燧遗址进行了考古发掘，发掘面积 600 平方米。发掘情况表明，克亚克库都克烽燧遗址修筑于一处大型红柳沙丘上，是由烽燧本体、居住房屋等建筑构成的一处结构完整、功能齐备的综合性军事设施。该项目已入选国家文物局"考古中国"重大研究项目成果。

烽燧位于沙丘东部，由于罗布泊地区盛行东北季风，烽燧本体迎风面的东、北两侧风蚀坍塌严重，目前烽燧周围坍塌土还未做清理。根据现状观察，烽燧平面呈方形，立面呈梯形，下底边长 6、顶部残长 3.3、高约 7 米。烽燧由土坯夹芦苇草、中部夹放胡杨立木垒砌而成，三层或四层土坯夹一层芦苇草，土坯层厚 0.25～0.3、芦苇层厚 0.03 米，土坯尺寸为 0.38×0.19×0.09 米。

遗址全景
Full-view of the Site

踏步护墙
Parapet Wall of Steps

"垃圾堆"遗迹
"Trash" Deposit

烽燧西侧沙丘边缘发现房屋三间。房屋修筑方式是利用"减地法"向下掏挖，在原始生土层中，修筑出三间半地穴式房屋，室内面积约80平方米。房屋南、西、北三面墙体全部为生土，在墙体中掏挖柱洞，洞内立胡杨木柱，搭建横梁和顶棚。现房屋东墙及顶棚均已破坏不存，根据房屋布局推测房门开于东墙上。从北至南，三座房屋分别编号F1、F2、F3，其中F2相对保存较好。F2西侧墙体上还残存两根胡杨木柱，在房屋内，

依南墙内壁用土坯垒筑有凉炕，北墙内侧有灶。在墙体内壁上，局部还残存有草拌泥皮，表面刷白灰墙面。

在沙丘南、北、东三侧坡下均发现有"垃圾堆"遗迹。垃圾堆沿沙丘边缘地势呈斜坡状堆积，遗物丰富。截至2019年底，已发掘出土各类遗物1111件，其中包含珍贵的纸文书、木牍754件。纸文书出土时多呈团状，经初步释读，确认克亚克库都克烽燧遗址为一处游弈所驻地，孔雀

F2
House Foundation F2

河烽燧群东线的军事防线可能被称为"楼兰路"。克亚克库都克烽燧遗址驻守"楼兰路"沿途，管理若干烽铺，负责附近沿线的防御。文书性质主要为唐武周至开元年间，游弈所与下辖的各个烽铺及上级管理机构之间符帖牒状的军事文书，内容详细记录了与孔雀河沿线烽燧有关的各级军事设施名称，如临河烽、马铺烽、沙堆烽、黑河铺、猪泉谷铺、掩耳守捉、于术守捉、焉耆守捉、榆林镇、通海镇、安西都护府等。文书中多次出现"沙堆烽"一名，结合孔雀河烽燧群地貌特征，唯有克亚克库都克烽燧相符，初步推测克亚克库都克烽燧遗址即为沙堆烽故址。文书另见有授勋告身、账单、私人信札、书籍册页、文学作品等内容。出土木牍保存完整、字迹清晰，内容主要记载烽铺与游弈所间"计会交牌"与"平安火"制度，关于记载"计会交牌"制度的木牍标本，尚为国内首次发现。

在沙丘南坡中部，发现有上下沙丘的"踏步"遗迹，因风蚀破坏，现仅存一道由胡杨木柱、红柳枝条编织的护墙。在烽燧南侧的地面上还发现竖立有一排木柱，部分暴露在地表，目前还未做清理。根据考古勘探，在距离地表

0.9米下，有腐朽的草层，初步推测此处为堆积草料或者积薪的草棚，暴露在地表的木柱可能为一段篱笆墙。

出土遗物的 ^{14}C 测年表明，烽燧遗址修筑于唐代，我们初步认为克亚克库都克烽燧是安西四镇之一焉耆镇下为防止吐蕃入侵而修筑的军事设施。咸亨元年（670 年）后，吐蕃控制了青海吐谷浑地区，打开了通往安西四镇的门户，焉耆东境在此时已处于唐与吐蕃争夺的前沿阵地，作为连接安西、北庭两大都护府的咽喉要地，需要严密防守。为防止吐蕃沿"楼兰路"偷袭焉耆镇，故在镇东的孔雀河一线修筑各级军事设施，设置警烽线路。

通过 2019 年的考古发掘，初步厘清了烽燧遗址结构布局，确定了烽燧修筑年代。出土的大量珍贵文书、木牍等文献材料，涉及军事、政治、经济、文化、宗教信仰等社会生活各个方面，填补了历史文献关于唐代军镇防御体系记载的空白，为了解唐代边塞生活和军事管理制度提供了第一手资料，实证了唐王朝对西域的有效管治和各民族对中央政府的认同。

（供稿：胡兴军）

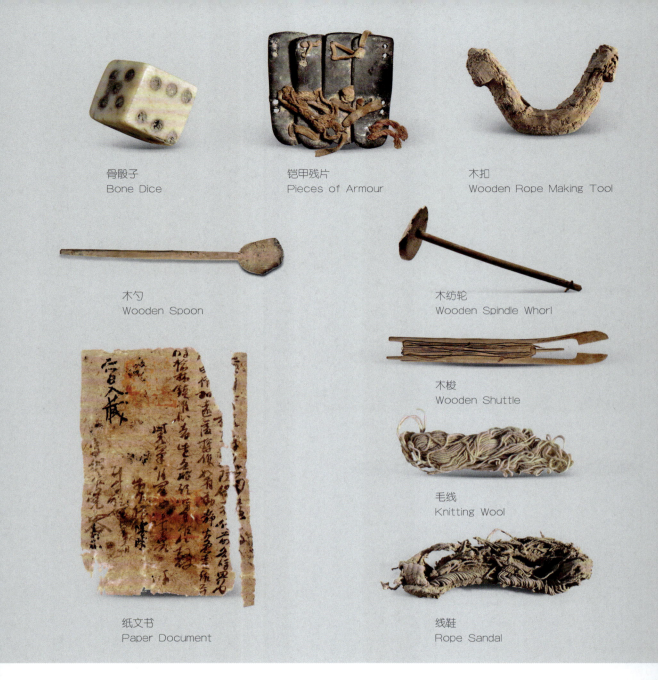

骨骰子
Bone Dice

铠甲残片
Pieces of Armour

木扣
Wooden Rope Making Tool

木勺
Wooden Spoon

木纺轮
Wooden Spindle Whorl

木梭
Wooden Shuttle

毛线
Knitting Wool

纸文书
Paper Document

线鞋
Rope Sandal

The Keyakekuduke beacon tower site is located at the Yuli County, Mongolian Autonomous Prefecture of Bayingolin, Xinjiang. The Xinjiang Institute of Cultural Relics and Archaeology conducted the excavation in 2019. The site consists of the beacon tower itself, residential houses and other architectures, within which were found more than 1000 pieces of artifacts including more than 700 pieces of paper and wooden slip documents. Preliminary research on the documents indicates that the Keyakekuduke beacon tower is under the administration of the Yanqi Township, one the four Townships in the Anxi area to prevent the invasion of the Tibetan people. The documents are pertaining to different aspects of the social life including military, politics, economy, culture, religion and belief system of that time, the contents of which fill the gap of the records in historical texts regarding the Tang Dynasty military defense system in this area. They are also important for the researches on the life and military administration system in the frontier area. The site is selected as the significant discoveries of the "Archaeology China" project of the China National Administration Bureau of Cultural Heritage.

四川蒲江
铁溪宋代冶铁遗址

TIEXI IRON SMELTING SITE OF THE SONG DYNASTY IN PUJIANG, SICHUAN

铁溪宋代冶铁遗址位于四川省蒲江县鹤山镇铁溪村1组，中心地理坐标为北纬30°15′37.770″，东经103°32′46.776″，海拔542.7米。北距临溪河约4.2、古石山约6公里，南距蒲江河约3.7公里，西距五面山约12公里。遗址地处浅丘东坡，整体沿山势呈西北—东南向分布，其东侧原存连接临溪河与蒲江河的小型河谷。2018年6～9月，为配合成都市第三绕城高速公路（西段）项目建设，成都文物考古研究院对该遗址进行了抢救性发掘，发掘面积约3000平方米。发现燃料窑1座、冶铁炉2座、炒钢炉13座、炉渣坑6个、房址4座、排水沟2条、炉渣堆积1处。出土炼渣、耐火砖、炉壁、铁矿石、积铁块、木炭及瓷片等。

燃料窑1座，由窑顶、窑壁、窑床、窑门、烟道和工作面组成，平面呈马蹄形，长6.3、宽2.1、高1.2～1.8米。窑顶为穹隆顶，窑壁较竖直，其上存人工修整和烟熏痕迹，窑床底部存一层厚约0.5米的炭渣，窑内填土含卵石块、木炭渣和少量铁渣。

冶铁炉2座，由窑壁、窑床、火膛、排渣沟、鼓风口等组成，窑炉平面多呈椭圆形，内径2～2.1、外径2.2～2.4米，炉壁烧结面厚0.1～0.24米。火膛内深0.2米，炉底有凹坑连接排渣沟到窑外，排渣沟长0.8、宽0.16～0.18、深0.01～0.2米。

炒钢炉13座，分布于冶铁炉周边，平面多呈椭圆形，内圈直径0.4～0.54、外圈直径0.6～0.75、烧结面厚0.05～0.14米，附壁铁水厚0.02～0.07米。大部分炉底残留积铁块，部分炒钢炉由积铁块填满。炉剖面多呈U形，深约0.28米。

炉渣坑6个，平面近长方形，多分布于冶铁炉附近。H6平面呈弧角长方形，长约1.72、宽约1.3米，剖面呈不规则梯形，深0.88～1.04米，内壁附厚0.02～0.03米青灰堆积物，其内多填碎铁渣。

房址4座，位于遗址西北侧和冶铁炉上。按功能可分为两种，F1和F2推测为冶铁工人工棚，F3和F4推测为冶铁炉保护棚。F3平面呈方形，位于Y9之上，存北、西、南三方柱洞，面积约25平方米，柱洞直径约0.2、深0.2～0.3米。房门朝东即Y9工作面方向。

排水沟2条，皆呈半包围状围绕冶铁炉。G1平面近U形，半包围状围绕Y1，周长为17.2、宽0.5～0.7、深约0.77米，应为Y1的排水设施。

从发掘情况判断，该遗址活动面位于宋代地层之上，各遗迹内亦仅出土宋代瓷片，结合各遗迹形制（与砂子塘、铁屎坝、水泉沟等遗址相似），判断该遗址时代为宋代。

该遗址功能分区明显，目前可确认的有烧炭区、冶炼区、生活建筑区等。通过对冶炼遗物检测分析和观察，可确认该遗址以青杠树烧制的优质木炭作为燃料，以赤铁矿铁石作为主要炼铁原料，且在冶炼过程中使用大量石英岩作为耐火石或造渣材料。同时，在铁渣中发现了大量处于冶炼状态的铁颗粒的富集。据此判断该遗址为一处宋代集燃料烧制、生铁冶炼及生铁制钢为一体的较大型钢铁冶炼遗址，各环节对应遗迹保存比较完整，功能明确，具有重要的研究价值。

关于蒲江冶铁，文献多有记载。《史记·货殖列传》载"邛都出铜，临邛出铁"，《汉书·地理志》载"临邛……有铁官、盐官。莽曰监邛"，《后汉书·郡国志》载"临邛有铁"，《华阳国志》卷三载"临邛县……有古石山，有石矿大如蒜子，火烧合之，成流支铁甚刚。因置铁官，有铁祖庙祠"，《宋史·食货志二》载"铸铁钱有三监：邛州曰惠民，嘉州曰丰远，兴州曰济众"，（雍正）《四川通志》卷二十五"直隶邛州"条"古城山"载"在州南七里，华阳国志临邛县有石山中出石矿大如

蒜子，火烧合之成流，支铁甚刚，因置铁官，有铁祖庙，鼓铸家祀之，盖即古铁山也，又名五面山"。梳理文献可知，临邛冶铁业自秦汉兴起，延续至明清时期，炼铁遗址主要位于蒲江境内的"古石山"和"五面山"两个区域附近。同时，成都文物考古研究院于 2005 年调查并试掘了平乐镇晚唐至两宋时期冶铁遗址；2007 年分别试掘了西来镇铁牛村、古石山 C 点和寿安镇许鞋圕遗址，时代从汉延续至明清时期；2009 年发掘了蒲江砂子塘冶铁遗址；2011 年对邛崃铁屎坝宋代冶铁遗址进行了发掘，获得了丰富的考古学材料。这些遗址的发掘，说明蒲江县自汉代以来一直是重要的冶铁业中心，不仅印证了史籍的记载，也为研究四川地区，乃至中国古代冶铁手工业提供了重要的实物资料。

（供稿：龚扬民　杨颖东　马春燕）

冶铁炉（Y1）与周边炒钢炉分布
Iron Smelting Furnace Y1 and Surrounding Wrought Steel Furnaces

燃料窑
Kiln for Charcoal Making

炒钢炉（Y2）
Wrought Steel Furnace Y2

炒钢炉（Y4、Y5）
Wrought Steel Furnaces Y4 and Y5

炒钢炉（Y14、Y16）
Wrought Steel Furnaces Y14 and Y16

冶铁炉（Y1）
Iron Smelting Furnace Y1

炉砖
Furnace Brick

炉砖
Furnace Brick

炉砖
Furnace Brick

炼渣
Slag

The Tiexi iron smelting site of the Song Dynasty is located at the Tiexi Village, Heshan Township, Pujiang County, Sichuan Province. The Chengdu City Institute of Cultural Relics and Archaeology conducted rescue excavation from June to September 2018 and exposed an area of 3000 sq m, within which were unearthed 1 fuel kiln, 2 iron smelting furnaces, 13 wrought steel furnaces, 6 slag pits, 4 residential houses, 2 drainage ditches and 1 slag pile. Slags, furnace bricks, furnace wall pieces, iron core, iron blocks, charcoal and porcelain sherds were unearthed. Chemical analysis of the remains indicates that the charcoal was made from oak, hematite is the main core, and quartzite is the main material for refractory pebble. All the evidence demonstrates that the site had been a large workshop for charcoal making, iron smelting and steel manufacture. Remains of all the steps of the manufacture chain is well preserved and is quite valuable for further researches.

山西太原
东山明代晋藩王墓

DONGSHAN TOMBS OF THE DUKE OF THE JIN STATE OF THE MING DYNASTY IN TAIYUAN, SHANXI

东山明代晋藩王墓位于山西省太原市小店区五龙沟村和东峰村一带。该区域在历次文物普查中曾发现多处遗址、墓葬，属于太原市地下遗存重点保护区。2019 年 5 月，山西省考古研究院在配合基本建设过程中，在该区域发现三座大型砖室墓（编号 M1～M3），并随即对其进行了抢救性发掘与保护。根据 M1 出土墓志，并结合对墓葬周边进行的调查及文献记载，可以确定这三座墓的墓主为明代第七世晋王（谥号端王）（M2）及其继妃王氏（M1）和赠夫人院氏（M3）。

调查和钻探情况表明，晋端王墓陵园布局基本完整，平面近"目"字形，与明神宗定陵和明成祖长陵类似，唯规模较小。地面以上东陵墙保存相对较好，南北延伸约 254 米，夯土墙宽 2.9～5.1 米，断面可见夯土厚 0.3～0.7 米，夯层明显，厚 0.12～0.17 米。早期卫星影像图上还可以看到陵园西墙痕迹，但现已无法辨识。经钻探可知，地面下仅存墙基部分，夯土宽 2～5、厚 0.3～1 米。

三座大墓位于陵园北部，自西向东排列，端王墓（M2）居中，继妃王氏墓（M1）居左，赠夫人院氏墓（M3）居右。端王墓前与墓道正对位置、距墓道南端 11.6 米处，有一建筑基址，根据发掘时发现的柱础石及现有资料推测，此建筑面阔五间，进深三间，当为与主墓对应的享殿。享殿前中轴线上还有一组三进院落、两棵神道两

M1 墓门
Door of Tomb M1

M1 墓志出土情况
Epigraph of Tomb M1 in situ

陵园享殿基址
Building Foundation of the Memorial Hall of the Mausoleum Yard

M2 墓道北端土坯墙
Adobe Wall at the Northern End of the Passage of Tomb M2

M3 墓室第一层积石
First Layer of Stone Filling in the Chamber of Tomb M3

M3 填土夯窝
Tool Marks on the Rammed Earth Filling of Tomb M3

侧的古柏，共同构成陵前建筑基址群。20世纪70年代以前，享殿仍然作为学校使用，70年代初被拆毁，地面上残留部分板瓦、筒瓦残块及条石等建筑构件。

端王继妃王氏墓（M1），平面呈"甲"字形，由墓道、墓门、甬道、墓室组成。墓道位于墓室南部，为带38级台阶的斜坡式，长21.8、宽2.4米。墓门为仿木构形式，两侧各有一面"八"字墙。墓门立面为长方形，门柱、门额、门扇均为砂石质。门柱、门扇及门钉、门环均涂红彩。门额以绿、黑、白、红彩绘包袱纹、如意云头纹，无地仗层。门额之上有砖雕彩绘斗拱及琉璃滴水、瓦当、屋脊和脊兽。墓圹平面呈长方形，长18.2、宽8.3米。墓室为前、中、后三室结构，用青砖和白石灰砌筑而成。前室和中室为三伏三券，后室为四伏四券，目前整体结构保存完整。前室券顶西侧有一边长0.4米的盗洞。从盗洞观察，墓室内部无回填土。

墓志出土于门楼正脊上方，青石质，长85、宽77厘米，志盖篆书"明封晋端王继妃王氏墓志铭"，背面又详细刊刻墓主生平及主要事迹，同时还附圹志文。这种"墓志+圹志"形式的墓志铭是考古工作中首次发现。墓志记述了端王的死因、端王薨逝以后因没有子嗣确立继承人的过程，补充了正史记载的不足，对于研究明代藩王的继承制度、明代晋藩王世系有重要价值。

端王墓（M2），平面呈"甲"字形。墓道开口残长17.8、宽2.4米。墓道北端墓门门楼上方东西两侧发现了用土坯垒砌的墙体。墓圹平面呈长方形，南北长21.4、东西宽8米。墓室为前、中、后三室结构，平面呈"工"字形，结构及砌筑方法均与M1相同，规模和体量均超过了21世纪发掘的三座藩王墓（梁庄王墓、郢靖王墓、周懿王墓）。后室东西两侧砖墙早期已被拆除，为保持墓室结构现状，对后室券顶进行了结构性加固。

M3 墓门
Door of Tomb M3

M3 墓门门钉
Nails on the Door of Tomb M3

M2 后室漆棺保存现状
Current Situation of the Lacquer Coffin in the Back Chamber of Tomb M2

M3 墓道内祭祀现象
Remains of Sacrifice in the Passage of Tomb M3

后室清理过程中发现一具结构保存基本完整、内外均髹漆且前挡贴金箔的漆棺，为完整保护漆棺并对棺内遗物进行精细化发掘，对漆棺进行了整体套箱提取，并搬迁至现场实验室做进一步工作。

端王赠夫人院氏墓（M3），平面呈"甲"字形。墓圹南北长15、东西宽5.6～6.1米，是三座墓葬中体量最小的，与墓主身份相匹配。《明史·诸王传》以及端王继妃王氏墓志均记载，院氏深得端王宠爱。此墓存在一些特殊现象。其一，墓室填土中发现了积石现象，且有四层之多，这种防盗措施在明代高等级墓葬中首见。墓底至距墓室口4米之间的填土全部经过夯打，而M1、M2墓室填土均未经特殊处理。其二，墓室结构及外观与M1、M2相同，均为青砖券顶，但M3墓室主体以条石砌筑而成，仅最后在顶部增加了两层砖券顶。其三，墓门门楼结构与M1相似，但体量较小，且门额之上直接承托滴水和瓦当，无砖雕彩绘斗拱，门钉均涂金彩。

M3墓志位于墓道北端、墓门上方的壁龛内。查阅文献，可知志文由胡瓒宗撰，墓表由陆深撰，均收录于《四库全书》内。

M1、M3墓室被盗严重，从前室看到中室有部分木俑及大量棺板、棺围碎片。墓门内侧木门已塌落。目前可知墓内随葬器物主要有漆器、木俑、漆棺、纺织品等，其中漆木器等脆弱文物数量较多，木胎腐朽。

本次发掘是山西地区首次对明代晋藩王墓葬及陵园开展的系统考古工作。其中端王墓（M2）是目前国内已发掘的规模最大的明代藩王墓之一。端王继妃王氏墓（M1）出土墓志志石正背两面均刊刻文字，且同时出土圹志，这在国内尚属首例。墓志详细记录了端王立嗣的完整过程，从考古出土实物上印证了《明史》《明实录》等有关文献对明代晋藩王世系的记载，对明代分封制度和政治结构研究具有重要意义。

（供稿：赵辉）

M2 出土玉饰
Jade Ornament Unearthed
from Tomb M2

M2 出土玉饰
Jade Ornament
Unearthed from
Tomb M2

M2 出土玉饰
Jade Ornament
Unearthed from
Tomb M2

M2 出土金戒指
Gold Ring Unearthed
from Tomb M2

M2 出土金冥钱
Gold Underworld
Coin Unearthed
from Tomb M2

M2 出土珍珠
Pearls Unearthed from Tomb M2

M2 出土书别
Bookmarks Unearthed from Tomb M2

The Dongshan tombs are located at the Wulonggou and Dongfeng Villages, Xiaodian District, Taiyuan City, Shanxi Province. The Shanxi Provincial Institute of Archaeology conducted rescue excavation in May 2019 and unearthed 3 large tombs (M1 to M3) with brick "甲"-shaped structures. According to the records in the epigraph and ancient texts as well as the survey in surrounding area, we know that the occupants of are the 7th duke (the Duke Duan) of the Jin State (M2), his stepped wife Madam Wang (M1) and his another wife Madam Yuan (M3) who had the title Zengfuren. The excavation is the first systematic archaeological work on the mausoleum yard and tombs of the Duke of the Jin State of the Ming Dynasty in current Shanxi. The genealogy of the Jin State recorded in the unearthed epigraph is important for the research on the enfeoffment system and political structure of the Ming Dynasty.

上海青浦青龙镇遗址

2018 ～ 2019 年发掘收获

EXCAVATION RESULTS OF THE QINGLONGZHEN SITE IN QINGPU, SHANGHAI IN 2018 TO 2019

青龙镇遗址位于上海市青浦区白鹤镇，自2010 年开始，上海博物馆考古部连续多年对青龙镇遗址进行了调查、勘探与发掘，逐渐揭露出一个唐宋时期的贸易重镇。2018 ～ 2019 年的发掘是为探索青龙镇遗址北部靠近古吴淞江河岸的市镇布局，为"海上丝绸之路"申报世界文化遗产奠定基础，申报计划发掘面积 1000 平方米。

发掘采用基于 GIS 地理信息系统的大遗址考古理念，将市镇考古分为三个尺度进行，分别为宏观尺度——市镇的选址、环境、发展、变迁等，中观尺度——市镇布局、道路、坊巷、衙署、寺庙等，微观尺度——具体建筑的尺度、形态、工艺以及各类遗物。

根据以往的研究成果，江南市镇布局为一条或两条主河道及多条支流，主河道及主河道与支流相交处架桥，主干道平行于河道，房屋沿河而建，前门临街、后门临河，前店后宅，房屋朝向多垂直于河道。

本次发掘布方位于大遗址规划区北部的 Je 区，紧邻通波塘的西岸，共布 10 米 ×10 米探方 9 个，分东、西两个发掘区，其中东区 4 个、西区 5 个，另布多条探沟，自 2018 年 11 月至 2019 年 6 月，发掘面积共计 1000 平方米，清理灰坑 30 个、水井 13 口、沟 16 条、墓葬 1 座以及数个连续叠压打破的建筑遗迹。

F9 位于东区 T3037 中西部，平面呈长方形，现仅存房址西南角的转角墙基。居住面已被破坏，仅残存房址下部的垫土面。墙基南北长 2、东西长 1.9、高约 0.12 米，残存两层砌砖，用丁、顺砖砌筑，青砖之间用白灰填充黏结。青砖规格为 28×12×4 厘米。F9 外未发现明显的活动场所。在 F9 的墙基砖上，发现一枚"元符通宝"钱。根据开口层位和出土瓷片推断，房址的年代应为南宋时期。

F10 位于东区 T3037 北部，平面呈长方形，东西长 8.33、南北宽 4.6 米，可分为东、西两间，中间隔墙处可见少量白灰痕迹，每间房内宽约 3.8 米。居住面已被破坏，仅残存房址下部的垫土层。墙基残存长约 0.7、高约 0.35 米，用丁、顺砖砌筑，青砖之间用白灰填充黏结。青砖规格为 28×12×4 厘米。未见墙壁，但根据墙基上残存的砌砖痕迹可知，墙体应为单砖墙，厚约 0.13 米。在房址东北部墙基外侧发现有青砖铺砌的路面及两块磉皮石，磉皮石平面呈方形，尺寸为 32×32×6 厘米，路面用砖规格为 28×12×4 厘米。在 F10 外未发现较明显的活动场所。根据开口层位和出土器物推断，房址的年代应为南宋时期。

H152 位于 JeT1629 中部，开口于第④层下，平面呈圆形，直壁，平底。坑底有一陶盆，盆底出土铜钱 5 枚，其中 3 枚年号可辨，分别为"熙宁元宝""元丰通宝""天庆元宝"。此灰坑年代不早于北宋晚期（12 世纪）。

H161 位于东区 T2837 东部，平面呈长条形，长 13.74、宽 3.24、深约 1.6 米，填土分 4 层。坑内出土大量龙泉窑青釉碗，另有青釉盒、青釉

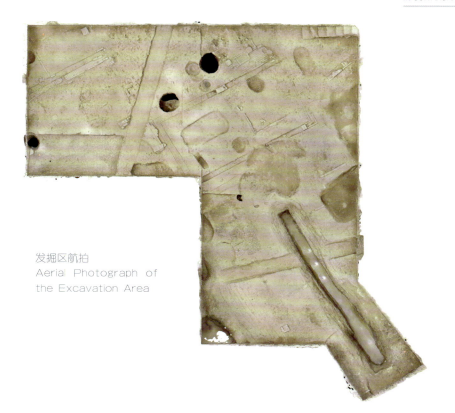

发掘区航拍
Aerial Photograph of
the Excavation Area

朱书文字砖
Brick with Red
Characters

杯、黑釉盏、褐釉盏、韩瓶、石碾轮，同时出土少量铜钱，可见"建炎通宝""元丰通宝""元祐通宝"等。此坑出土器物与浙江湖州凡石桥遗址、四川遂宁窖藏出土器物的组合非常相似，部分龙泉窑器物几乎完全一致，故其年代应与此二者接近，均在南宋最晚期。

H161出土的大量瓷器属于南宋晚期的贸易瓷，主要为龙泉窑青瓷、景德镇窑青白瓷、吉州窑黑釉瓷、福建瓷器等南方瓷器，这一组合，与日本博多遗址同期内出土的器物组合可以相互对应，由此也可以看出青龙镇遗址是南方瓷器北销朝鲜半岛、日本等地的重要转口贸易港，也能说明当时很多器物有可能是从青龙镇转口销往日本的。

本次对青龙镇遗址的发掘出土了大量陶瓷器，可复原器物超过1500件。从出土器物判断，发掘区域的年代最早为北宋中期，一直持续使用到明代废弃，废弃年代可能与文献记载的青浦县的搬迁有关。在靠近河道的区域发现了5期连续使用的建筑遗迹叠压面，大部分房址均保存不佳，被晚期的人类活动破坏，但可见压在其下面的夯土层坚硬致密，做工较为考究。F10是青龙镇遗址近十年考古工作发现的做工最好的建筑，残留

了部分墙基和室外门道，墙基系用白灰与青砖铺砌，建到与地面齐平时，在基槽上用单砖砌墙。虽然室内地面已被破坏，但根据残留墙基的高度可以复原，与室外的门道有一定的高差，以便散水。房屋走向与河道平行，东墙距河道30米，根据南方古镇的一般布局推测，F10可能为临河建筑外侧第二排的房屋，其很可能是当时的临街商铺，近河岸处为码头，方便货物的运输与交易，在运输过程中产生的损耗品则丢弃在离河岸较远处的废弃河道或灰坑里。

青龙镇遗址出土的瓷器基本都是南方瓷器，宋代以福建、浙江、江西窑口产品为主。青龙镇作为一个港口重镇，地处南北海路交通的要冲，产品运到青龙镇后，除了本地少量的消费，大部分都转口外运。目前在青龙镇以北的沿海及内陆的广大区域，除了少量福建产的黑釉盏外，很少发现福建产其他种类的瓷器。因此，福建瓷器到了青龙镇以后，除了部分内销，基本都是转口销往海外的。根据当时的航路推测，主要是销往东北亚的高丽与日本，与文献可以相印证，也反映出青龙镇遗址是海上丝绸之路上的重要港口。

（供稿：王建文）

F10
House Foundation F10

H161
Ash Pit H161

H161 出土部分瓷器
Some Porcelains Unearthed from Ash Pit H161

H161 出土部分瓷器
Some Porcelains Unearthed from Ash Pit H161

The Qinglongzhen site is located in the Baihe Township, Qingpu District, Shanghai City. The Department of Archaeology of the Shanghai Museum conducted the second excavation of the site from Novermber 2018 to June 2019 in the Je area in the northern part of the site very close to the western bank of the Tongbo pool. Within the 1000 sq m exposed area, were unearthed 30 ash pits, 13 water wells, 16 ditches, 1 burial and several overlapped remains of foundations, as well as more than 1500 restorable porcelain items. The artifacts indicate that the earliest remains in this area can be dated to the middle Northern Song Dynasty and the occupation continued for several hundreds years till the abandonment in the Ming Dynasty. The discoveries demonstrate that the site had been an important port for the trade of porcelains from southern China to the Korean Peninsular and Japan. It is also an important port of the Maritime Silk Road.

安徽濉溪长丰街
明清酿酒作坊群遗址

CHANGFENGJIE BREWHOUSES OF THE MING AND QING DYNASTIES IN SUIXI, ANHUI

长丰街明清酿酒作坊群遗址发现于 2018 年 9 月，地点位于安徽省濉溪县北关沱河路北侧。据载，明代至民国时期濉溪境内分布有数十家酒坊，濉溪酿酒作坊遗址群主要沿濉溪县故城内前、后大街两侧分布。后大街分布区域东至老濉河以东 200 米，西到西城门处，东西长约 1500、南北宽约 200 米，面积达 30 万平方米；前大街分布区域东西长约 700、南北宽约 100 米，面积 7 万平方米。2019 年 3 月始，安徽省文物考古研究所对濉溪长丰街明清酿酒作坊群遗址进行了考古发掘，本年度发掘面积近 2000 平方米，连同清理被基建破坏的 1000 余平方米，揭露面积已近 3000 平方米。

本次发掘共清理了 3 处糟坊遗存，自西向东分别为魁源坊、大同聚坊和祥源坊，主要包括店铺址 1 处、蒸馏灶 5 个、储水池 1 个、制曲房 1 座、晾堂 3 处、发酵池 40 余个、水井 5 口、排水沟 10 余条、房址 20 余座、道路 3 条以及灰坑百余个等。现以较完整的魁源坊为例介绍如下。

魁源坊共发现蒸馏灶 1 个、储水池 1 个、制曲房 1 座、曲池 1 个、晾堂 2 处、发酵池 18 个、水井 1 口、排水沟 10 余条、房址 10 余座、道路 2 条、灰坑 90 余个。酿酒设施遗存主要集中在南北通透的 F16 内，少量酿酒遗存在 F16 外。

蒸馏灶　由操作间、火门、火膛和烟道组成，总长 6.6、火膛直径 1.7 米。操作间由青砖、石块混合砌筑成长方形，火门为长方形，火膛用砖砌呈圆形，灶壁抹有一层三合土，已被烤成红褐色。烟道较长，且靠近火膛处狭窄，延伸至烟囱处则渐宽，其目的是延长炭火的停留时间、增加抽力、提高燃烧效率。

储水池　位于蒸馏灶西北角，圆形，尚存有铁锅，锅直径约 0.9、深约 1 米，锅周边向上砌筑 5 层青砖。储水池主要是承接蒸馏灶产出的热水，供工人洗漱或洗澡，池壁有一个出水孔连有一条南北向排水沟，通向城外。

发酵池　发现数量较多，且较为集中，形制多样，分为泥池、砖池、砖泥混筑池及缸池，按形状分圆形、长圆形、亚腰形、长方形等。部分池底存有黄水坑。酒窖泥为青绿色，晒干后呈红色、褐色和白色等。

水井　砖砌，井底用木料做基础，其上砌砖，上小底大，深 6 ~ 7 米，位置靠近蒸馏灶，主要是便于取水。

晾堂　指用于配料、拌料、堆积和晾晒酒糟的场地，分为上、下两个时期。其中，上层晾堂在蒸馏灶南侧约 2 米处，南北向，青砖铺地。由于发酵原料中含有丰富的酸性物质，且在拌料时会出现木铲摩擦等，导致地坪存在凸凹不

魁源坊F16内的生产车间及两侧遗迹
Producing Department of Foundaton F16 and Side Features of the Kuiyuanfang Brewhouse

魁源坊内房址
House Foundations in the Kuiyuanfang Brewhouse

平的现象。

　　制曲房　紧靠发酵池区域东侧。房屋呈长方形，石砌地基，墙体较厚，便于保温，长8.7、宽4.9、墙体厚0.78～0.8米。地面有被火烤的痕迹，且经过雨水冲淋后加之太阳暴晒，地面呈红色、褐色。

　　品酒区　在魁源坊生产车间的东侧，石块地基，局部残留有青砖，南向，三开间，带院落。地表散落部分品酒器和酒坛盖，推测是品酒区域。

　　房址　地基保存基本完整，有的房址还带有

魁源坊蒸馏灶及周边遗迹
Distilling Hearth and Surrounding Features of the Kuiyuanfang Brewhouse

魁源坊晾堂
Airing Room of the Kuiyuanfang Brewhouse

院落，地表散落有青花酒杯。这些房址基本是围绕酿酒厂区建造，朝向多为南向或东向，多数是仓库或酿酒车间。

本次发掘的三个坊遗存共出土器物 700 余件、瓷片约 1 吨。根据质地可分为陶器、缸胎瓷、瓷器、紫砂器、玻璃器、铜器、骨器、铁器及石碑等，器形有酒坛、酒杯、酒瓶、酒盏、紫砂壶、香水瓶、骨簪、麻将、牌九、烟嘴、鼻烟壶、笔筒、建筑构件等。

综合判断，魁源坊的年代为清代中期到民国时期，大同聚坊的年代为清代早期到民国时期，祥源坊的年代为明代晚期到民国时期。

除田野工作外，我们还与中国科学院大学、中国科学技术大学和口子窖酒业研究所等单位合作，对发酵池、制曲房、曲池及储水池等遗迹进行了微生物科技检测。其中，中国科学院大学主要是通过蛋白质组学方法研究生物种属，分析得出许多与酒相关的酵母菌和真菌。比如芽孢杆菌在酿酒过程中发挥了诸多作用，除了降解淀粉和蛋白质等大分子外，还参与乳酸、醋酸、丁酸、己酸、乳酸乙酯、己酸乙酯等有机酸和脂类的合成，是白酒不同香型、风味和口感的重要决定因素。中国科学技术大学在曲池内检测出大麦、小麦、大米、高粱，为堆放酱香型大曲；在制曲房内检测出芦苇和高粱，推测可能是用于制作和存放清香型大曲；窖泥检测中发现不动杆菌属、假单胞菌属、芽孢杆菌属、链霉菌属、放线菌属、类芽孢杆菌属等在现代酿酒过程中可见的细菌，此外还发现了假丝酵母属、曲霉属、枝孢霉属、红曲霉等与酿酒相关的真菌。

濉溪长丰街明清酿酒作坊群遗址的发掘具有重要意义。第一，该遗址是目前国内发现最大的酿酒作坊遗址，也是安徽省首次经过科学发掘并获取大量酿酒流程设施的遗址，对研究酿酒工艺具有重要价值和学术意义，填补了华东地区古代酿酒遗存的空白。第二，发现了一条完整的明清酿酒生产线及国内罕见的并排双蒸馏灶，较全面地反映了皖北乃至北方蒸馏酒制作工艺发展的生态模式，同时其发掘位置与文献记载的酿酒作坊能够一一对应，提高了发掘的可信度。第三，该遗址聚落布局清晰，坊与坊之间的界线明晰，独立酒坊包含店铺、陈酿区、蒸煮区（蒸馏区）、晾晒区、发酵区、制曲区等，是明清时期北方地区比较好的酿酒手工业遗存。第四，本次发掘证实濉溪地区酿酒工业发达，传统悠久，传承有序，对于研究明代至民国时期北方酿酒业发展有重要的学术价值。第五，"前店后坊"的酿酒格局主要集中在四川地区，在北方酿酒遗址中尚属首次发现，反映出当时皖北地区酿酒手工业生产和销售的模式，且这种酿造、销售模式也逐渐趋于全国统一化。最后，本次发掘出土器物丰富，质量上乘，反映了濉溪本地酿酒作坊主生活富足，并有较高的生活品位。

（供稿：陈超）

魁源坊制曲房
Starter Preparation Room of the Kuiyuanfang Brewhouse

魁源坊品酒房
Tasting Room of the Kuiyuanfang Bewhouse

魁源坊长圆形和圆形发酵池
Oval and Round Fermentation Tanks of the Kuiyuanfang Brewhouse

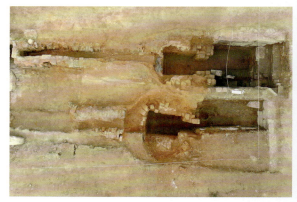

大同聚坊双蒸馏灶
Double Distilling Hearth of the Datongjufang Brewhouse

大同聚坊蒸馏灶
Distilling Hearth of the Datongjufang Brewhouse

景德镇 "邵义昌造" 款瓷碗
Porcelain Bowl Made in Jingdezhen with the Characters "Shao Yichang Zao"

青花盘
Blue-and-White Porcelain Plate

青釉鼻烟壶
Celadon-glazed Porcelain Snuff Bottle

青花品酒杯
Blue-and-White Porcelain Liquor Tasting Cups

"绍明" 款紫砂壶底
Bottom of a Dark-red Enameled Pottery Teapot with the Characters "Shao Ming"

麻将
Mahjong Tiles

The Changfengjie brewhouses of the Ming and Qing Dynasties is located to the north of the Tuohe Road of the Beiguan Township, Suixi County, Anhui Province and had been found in September 2018. In March 2019, the Anhui Provincial Institute of Cultural Relics and Archaeology conducted excavation at the site and exposed an area of nearly 3000 sq m, within which were unearthed brewhouses Kuiyuanfang, Datongjufang and Xiangyuanfang. The unearthed features including the stores, the distilling hearthes, the water storage pool, the starter preparation room, airing rooms, fermentation tanks, water wells, drainage ditches, house foundations, roads and ash pits. More than 700 pieces of artifacts had been found. The excavation discovered a complete large production line of liquor making of the Ming and Qing Dynasties, showing a comprehensive picture of distilled liquor manufacture techniques of northern Anhui and northern China which is significant for further researches.